AF186909

Herstellung und Verlag: BoD – Books on Demand, Norderstedt
ISBN: 9783751999588

2. überarbeitet Auflage 2020

In Liebe und Dankbarkeit für meine Liebsten.

Herzlich danken möchte ich auch
Herrn Bodo Gnädig und seiner Frau,
für die liebenswürdige Begleitung bei diesem Buch.

I.M.Z.

Aphorismen & Zettelgedanken

... einleitend mit einer Widmungsseite 3,
abschließend
mit einem Kurzportrait der Autorin
auf Seite 131 und auf dem Backcover.

Ingrid M. Ziegler

WORT SPITZEN

Aphorismen
&
Zettelgedanken

Edition Wortkonfekt

1
MENSCH

Steig
über deine Schwächen,
bevor
du darauf ausrutschst.

Geist und Seele sind des Einen Werkstatt
und des Andern Rumpelkammer.

Zwischen der Geburt einer Person
und einer Persönlichkeit liegen mitunter Welten.

Emotionaler Vorsprung verpflichtet,
einen Schritt entgegenzugehen.

Das Leben ist für feinfühlige Gemüter
oft zu grob gemahlen.

Je härter du dir selbst begegnest, desto weicher
solltest du deinen Mitmenschen treffen.

Leben macht uns auf unsere Denk-Irrtümer
aufmerksam; doch nicht jeder Mensch
glaubt dem Leben.

Bei kühlen Menschen mit heißem Gemüt
sollte man sich warm anziehen.

Eine eigene Meinung zu haben, ist das höchste
der Gefühle, sogar, wenn man damit falsch liegt.

Die eigene Meinung sollte niemals
auf dem Wunschzettel stehen.

Angst verbreitet sich schneller als Bakterien.

Der Mensch reift noch in seiner eigenen Fäulnis.

Unter der Maske
einer geschmeidigen Höflichkeit
versteckt sich mitunter virtuose Grausamkeit.

Man muss den Menschen tolerieren,
doch nicht seine Irrtümer.

Fokussiere das Gute im Menschen,
ohne das Böse dabei aus den Augen zu verlieren.

Auf der Spielbank der Lebensmöglichkeiten
hat sich schon mancher ruiniert.

Müßiggang öffnet der Unzufriedenheit
Tür und Tor.

Narzissmus ist soziale Unhöflichkeit
aus der Ich-Zone heraus.

Selbsterkenntnis trägt das Entsetzen
in ihrem Mantelfutter.

Aufgeben heißt, nicht zu erfahren, wie gut
es sich anfühlt, sich selbst überlistet zu haben.

Man hat sich so an die Masken der Menschen
gewöhnt, dass man erschrickt,
wenn jemand seine aus Versehen fallen lässt.

Neue Fehler und neue Schmerzen überraschen,
alte plagen uns nur.

Wo unsere Gemeinsamkeiten sich verabschiedet haben, folgen ihnen die Freunde bald nach.

Egozentrik benötigt keinen weiteren Lebenssinn.

Statt „Wir können nicht mehr miteinander reden",
sollte es heißen,
„Wir hören uns nicht mehr zu".

Hochmut ist ein Gast, der trotz Hausverbot
immer wieder bei uns einkehrt.

Je lauter die Menschen mit uns sprechen,
desto schwerer wird es, sie zu verstehen.

Was mit List erstritten wurde,
holt sich die Rache wieder.

Wer mit Händen in der Tasche fragt,
ob er helfen kann, ärgert sich, wenn er ein Ja hört.

Arroganz lässt sich
nicht einmal vom Schmerz kleinkriegen.

Kaum hast du deine Schwächen
vorn zur Tür hinausgeworfen, schleichen sie sich
durch die Hintertür wieder herein.

Sobald man denkt,
endlich alles in Ordnung zu haben,
bringt uns das Leben wieder Unordnung hinein.

Nichts kann uns helfen,
wenn wir es zu verhindern wissen.

Leben ist Kampf gegen die Untugenden;
deine und meine.

Wer mehr erwartet, als der Andere geben will,
bekommt am Ende oft gar nichts.

Je mehr Würde ein Mensch besitzt,
desto verletzlicher ist er.

Während der Mensch seine Vergangenheit
aufarbeitet, rennt ihm die Gegenwart davon.

Bewege was,
relaxen kannst du im Sarg noch lange genug.

Unglück bläht sich auf,
sobald es Beachtung findet.

Irren ist oft männlich
und drum schon unumgänglich.

Wir entscheiden selbst,
ob wir uns Salz oder Zucker ins Leben streuen.

Wo es an Höflichkeit mangelt,
gibt es zumindest Dummheit oft im Überfluss.

Sobald der Mensch nicht denkt, wird er gelenkt.

Wer immer du auch sein möchtest,
vergiss nie, wer du bist.

Macht macht Menschen selten menschlicher.

Kritik will das Beste,
aber eben nur von anderen.

Wer sich aus den Augen geht,
kommt sich nicht entgegen.

Kühle Menschen verbergen ihr heißes Gemüt
meist unter einer dicken Haut.

Wenn Weisheit erblich wäre,
wäre unsere Gesellschaft arm dran.

Manchmal begreifen wir uns,
noch bevor wir uns gesehen haben.

Laute Worte kommen selten
aus sanften Mäulern.

Arbeit ist für den Faulen so schmerzhaft,
dass er sich erst gar nicht an sie herantraut.

Es ist immer die eigene Haut, die den Menschen
vom Nächsten trennt, wenn es gilt,
diese eigene Haut zu retten.

Zeitraub ist schändlicher als Mundraub.

Wer sich zu nichts aufraffen kann,
riskiert auch keinen Zusammenbruch.

Wer behauptet, dass Liebe blind macht,
war im besten Fall verliebt.

Ein Mensch, der sich selbst der Nächste ist,
wächst selten über seine Nächstenliebe hinaus.

Wer nicht sein will, der er ist, wird sich
auch nicht in dem finden, der er sein will.

Mit dem Hausbau
kam schon manche Ehe zum Einsturz.

Hätte man heute das Aussehen, über welches man
sich in der Jugend beklagte, man könnte glücklich
sein und wäre doch unzufrieden.

Güte ist der Universalschlüssel
zum verschlossenen Herz.

Im Leben geht es ums Mitwirken,
Faulenzen können wir auf dem Friedhof.

Lebensgeschichten wiederholen sich dort,
wo wir uns zu lernen weigerten.

Nun Schöpfer, da ich mache, wozu du
mich bestimmt hast, sag mir auch, womit ich jetzt
meinen Lebensunterhalt sichern soll.

Der Grad unserer Reife
lässt sich an unseren Wünschen messen.

Damit der Schöpfer auch mal
Urlaub machen kann, gab er uns die Intuition.

Niemand sieht durch deine Augen,
aber viele möchten es dir einreden.

Dem Menschen trägt man seine Fehler nach,
dem PC verzeiht man sie.

Der Entschluss des Wollens
kann sich nur in uns selbst entdecken.

Halbherzig getane Arbeit
beraubt uns der Freude, die wir hätten,
wenn wir uns ihr ganz hingeben würden.

Der göttliche Auftrag im Menschen will nicht nur
erkannt, sondern auch ausgeführt werden.

Das Göttliche, welches im Menschen ruht,
muss erst geweckt werden.

Jemandem zu vertrauen
und sich jemand anzuvertrauen,
muss nicht zwangsläufig denselben treffen.

Der Mensch wechselt häufig dort
spontan die Fronten, wo es ihm Vorteile bringt.

Freund bleibt nur Freund,
solange er zu finden hofft, was er bei dir sucht.

Willst du den Menschen in die Seele blicken,
nimm die Augenbinde ab,
die du auf deinem Herz trägst.

Die erste Wahrnehmung,
welche uns die innere Stimme zuflüstert,
kommt über Gottes Hotline zu uns.

Wenn andere über deine Schwächen stolpern,
hast du sie ihnen in den Weg gelegt.

Zu lange vom Prinzen geträumt.
Neben dem Frosch aufgewacht.

Lieber früher alt, als nie g'scheit.

Kühle Köpfe haben etwas länger Zeit,
sich heiß zu reden.

Gier nach Zukunft raubt uns die Gegenwart.

Leid läutert.

Je weiter das Leben voranschreitet,
desto kleiner werden unsere Schritte.

Solange man atmen kann,
sollte man auch lächeln können.

Dauerschmerzen lassen sogar
große Seelen kleinschrumpfen.

Wer keine Katzen liebt, wird sich
mit Menschen noch schwerer tun.

Gab es schon einmal Menschen
ohne Flecken im Charakter?

Es gibt nichts, was nicht schon da war,
doch wer will das schon glauben?

Wer nicht weiß, was er will, wird tun müssen,
was andere wollen.

Wer unser Selbstvertrauen zerstört hat,
der wird es kaum wieder aufbauen.

Es gibt Menschen, die bekommen es fertig,
dass ihr Wollen und das richtige Timing
niemals zusammentreffen.

Übergroßes Pflichtbewusstsein
schläfert eigene Wünsche ein.

Zu Kritik braucht es Geschick.

Im Streit bauen Vorwürfe eine unsichtbare Mauer
zwischen den Streitenden auf,
die auch nach der Versöhnung
noch lange dort stehen bleibt.

Wut gedeiht genauso gut bei Sonnenschein
wie bei Regenwetter.

Der ungeduldige Mensch
erkennt nur das Glück, welches ihm
seine Wünsche augenblicklich erfüllt.

Misstrauen ist für die Seele,
was die Zitrone für die Zunge ist.

Mit sich selbst schließt der Mensch
meist zuletzt Bekanntschaft.

Ein hitziger Geist versteckt sich
gerne hinter einem kühlen Kopf.

Nur der brüllt laut,
der leise nichts zu sagen hätte.

Freiheit und Neugier bedingen einander.

In der Gruppe wird selbst der Feige mutig,
solange ihn die Feigheit
der anderen Gruppenmitglieder deckt.

Der Individualist fühlt sich dort,
wo das Individuelle unerwünscht ist,
wie ein Aussätziger.

Mancher glaubt dem Unsinn seines Lebens nur,
weil er sonst keinen Sinn findet.

Das Böse kann sich
unter dem Schutz der Masse
dort hemmungslos entfalten,
wo es alleine zu feige wäre, sich zu zeigen.

In der Masse lässt sich der Naive kneten
wie ein Teig in warmen Händen.

Der nicht an sich zweifeln kann,
kann sich auch nicht irren.

Leben formt sich nach unseren Vorbildern.

Adam ist noch immer Vorbild vieler Männer.

Auf Sinnblindheit folgt Sinnlosigkeit.

Ein weiser Ehemann sieht mehr als er muss
und sagt weniger als er könnte.

Dein Nachbar mag den Eindruck
eines Menschenfreunds vermitteln,
doch wäre es fatal, im Kriegsfall
darauf zu vertrauen,
falls er einen Befehl gegen dich auszuführen hätte.

Wenn sich das Ziel findet,
finden sich auch die Helfer.

Dein Leben läuft weiter,
ob du mitkommst oder stehen bleibst.

2
KIND

Wo Güte
angebracht ist,
würde Strenge töten.

Jugend und Alter
handelt gelegentlich mit Jahren.

Das Alter ist der lebende Beweis dafür,
dass man Pubertät überleben kann.

Kindheit hüpft auf einem Bein; Alter hinkt darauf.

Wo ein Kind jahrelang dumm gepflegt wurde,
ist Gehirn und Schmalz verloren.

Sogar eine Mutter hätte mit ihrem eigenen Leben
schon genug zu tun.

Wo Kinder ohne gelingende Ehe ihrer Eltern
aufwachsen müssen,
betrügt man sie um ihr wichtigstes Vorbild.

Leiden Mütter von Kuckuckskindern
unter der Demenz des Gewissens?

Wenn wir einen schlafenden Säugling sehen,
lächelt uns Gott direkt ins Gesicht.

Kinder sollten in Reichweite der Elternliebe
aufwachsen, ohne von ihr gefesselt zu werden.

Erziehung, die schwerste aller Künste,
liegt selten in Händen von Künstlern.

Kinder polieren die Seele ihrer Eltern.

Wer sein Kind dumm pflegt,
hindert es am klug werden.

Kinder verbessern den Charakter ihrer Eltern;
zumindest gelegentlich.

Ein Teenager kann sich jahrelang wie ein Teufel-
chen verhalten, doch nur ein einziges liebes Wort
zur Mutter und sie sieht nur noch ihr Engelchen.

Unsere Kinder lehren uns,
was wir noch zu lernen haben.

Erst denken, dann schenken!

Geduld ist erlernbar; für manche zumindest!

Selbst aus Wildwuchs kann noch
eine Struktur wachsen; die eigene eben!

Kinder haben ein Recht darauf,
dass die Eltern ihre Eheprobleme selbst ausbaden.

Schon manches Kind wurde beim Unterhaltsstreit
zum Wurfgeschoss der Eltern.

Kinder brauchen Elterntreue.

Jugend stirbt mitunter reifer als das Alter.

Härte schneidet tief in weiche Seelen.

Was in der Jugend nicht genug,
ist im Alter meist zuviel.

Kinder reicher Eltern schützt der Glanz des Geldes, der sie umgibt, davor, dass man sie nicht zum Dienen auffordert. Sie lernen somit schon früh, sich über andere zu erhöhen und diese zu beherrschen.

Wünsche, die sich nicht erfüllen,
löschen sich selbst aus.

Jugend füllt ihre Zeit mit Illusion aus,
Alter mit Hoffnung.

Spätgeborene sind Nachzügler,
die sich von Geburt an beeilen müssen.

Lobhudelei macht in der Jugend verwegen
und im Alter verlegen.

Wildwuchskinder
lassen sich nicht in Schubladen zwängen.

Welche Katastrophe, wenn sich die Natur
so gegen unsere Ordnung wehren würde,
wie es mancher Teenager tut.

Wenn wir endlich wissen,
was gut für uns ist,
wollen unsere Kinder bestimmen,
was richtig für uns ist.

3
GEIST

W_{er}
eingebildet ist,
sollte nicht ausbilden.

Der Kluge weiß viel,
doch der Weise nie genug.

Der moderne Mensch
lässt Google für sich denken.

Nicht jeder kann Bildung
von Einbildung unterscheiden.

Geistige Unterernährung
ist ein immenser Risikofaktor für eine Gesellschaft.

Wer selbst keinen Verstand besitzt,
sollte sich wenigstens welchen ausleihen.

Intelligenz kann selbst einem kranken Körper
noch von Nutzen sein.

Ein Titel im Briefkopf
macht noch keinen großen Kopf.

Die eigene Meinung sollten wir uns nicht leasen.

Gedanken sind Freigänger,
sie wollen nicht gefesselt werden.

Wohl kaum ein Mensch konnte können,
was er nur versuchte.

Es genügt nicht eine Begabung zu besitzen,
wenn man sie nicht zu würdigen weiß.

Beobachten erfordert Intelligenz;
Zuschauen nur Neugier.

Ein großer Geist
erklärt selbst das Schwierigste noch ganz einfach.

Intelligenz weicht dem Hindernis dort aus,
wo Starrsinn sich noch den Kopf einrennt.

Lebenssinn verfehlt dort, wo man ihm ausweicht.

Unsere Kultur feiert den Sieg des Körpers
über den Geist.

Klugheit lässt sich ausrotten,
aber Dummheit wächst nach.

Vielbegabung ist wie ein Hund aus jedem Dorf;
und keiner an der Leine.

Vielseitig sein und trotzdem alles zu Ende bringen
zu können, welch ein Glücksfall wäre das!

Welche Gottesgnade, wer seiner Arbeit nachgeht,
ohne sich zu fragen, ob es Sinn macht.

Ein zum Hochmut aufgeblähter Geist
verneigt sich am liebsten vor sich selbst.

Jedem Menschen sind Grenzen gesetzt,
dem Einen im Körper, dem Andern im Geist.

Erst wenn der Mann dazu in der Lage ist,
das Äußere einer Frau zu ignorieren, wird er sich
voll auf ihren Geist konzentrieren können.

Kaum etwas ängstigt einen Klugen mehr
als die Dummheit.

Die Geburt einer Person
schließt Persönlichkeit nicht automatisch mit ein.

Geldadel schmückt sich oft mit Geisteselite,
doch seltener ist es umgekehrt.

Zu viele Gedanken über Unlösbares
machen selbst das Einfachste schließlich unlösbar.

In der Welt auf Kniehöhe tut sich der schwer,
dessen Geist schon erwachsen zur Welt kam.

Der Körper ist zwar der Diener unseres Geistes,
doch zum Glück nicht sein Meister.

Gehirn ist Schatzkammer oder Schlafkammer,
es kommt darauf an, wer es benutzt.

Es ist gebräuchlicher, sich des fremden Geistes
zu bedienen, als seinen eigenen zu entfalten.

Ein überlegener Geist
stört die Eitelkeit der Dummen
und ist daher in ihrem Kreis nicht gerne gesehen.

Unter einer dicken Make-Up-Schicht
ist schon manch Verstand eingetrocknet.

Zweifel
sind der Dummheit ungebetene Gäste.

Wenn keine Antwort mehr kommt,
ging vielleicht nur eine kluge Frage voraus.

Es gibt Teilzeit- und Vollzeitdenker.

Schönheit ist sterblich;
Geist leider auch.

Kein großer Geist, der kleinlich denkt.

In Gesellschaft dummer Leute
kann man sich hochgradig infizieren.

Einer, der Weisheit mit Wissen verwechselt,
glaubt wahrscheinlich auch,
er könne sich Weisheit mit Geld kaufen.

Jedem Menschen
sind geistige Grenzen gesetzt,
doch nicht jeder reizt sie aus.

Wer eigenen Verstand hat,
will ihn gewöhnlich auch gebrauchen.

Bildung ist das Samenkorn der Freiheit.

Wissensdurst,
der nicht gestillt wird,
schmerzt länger als Hunger.

Wo nur einem Menschen der Verstand fehlt,
müssen viele Menschen darunter leiden.

Genies haben wenig Konkurrenz.

Wenn Kluge uns für dumm halten,
ist das weniger schlimm,
als wenn uns Dumme für klug halten.

Dort,
wo deine Gedanken stehen bleiben,
beginnen sie zu erstarren.

Wer nicht zweifelt,
hat ganz ohne Zweifel einen faulen Geist.

Fantasie
ist leider kein Ersatz für Verstand.

Intelligenz meidet Masse.

Intelligenz,
gepaart mit Arroganz,
ist gefährlicher als Dummheit.

Zweifel
ist Hochleistungssport für unseren Geist.

4
ETHIK

Wo
die Moral
im Koma liegt,
ist Wachrütteln zwecklos.

Verdient jemand mehr Güte
als ein alter, einsamer Mensch?

Es gibt Alte, die verstummen, weil
sie weinen müssten, wenn sie sprechen würden.

Nicht immer verstopft Kalk die Hirngefäße,
mitunter sind es nur Medikamente.

Ist es in der Seele eines alten Menschen Februar,
bringt der Weihnachtsbesuch keinen Trost.

Greisenalter schützt leider nicht
vor Misshandlung, eher verführt es dazu.

Alter sollte auf das Gute vertrauen,
dabei das Böse jedoch nicht aus den Augen lassen.

Der Höhepunkt des Alters
ist an Abhängigkeit gekoppelt.

Die Tränen unserer Alten sind
die beschämendsten Schulden unserer Zukunft.

Keiner verliert seine Würde,
wenn er sie dem alten Menschen lässt.

Wer immer alles selbst machen muss,
hat im Alter kaum bessere Chancen.

Alles, was nicht lebt, kann warten.

Nicht erst im Alter
sollte man der Regierung seines Gewissens folgen.

Ich wünsche mir mehr Achtung und Güte
für unsere Alten,
damit die Jugend später nichts zu bereuen hat.

Eine eigene Meinung
kann Charakter ans Licht bringen.

Neid trägt Hass im Handgepäck.

Die Liebe zum Geld hat oft stärkere Fesseln
als die zum Partner.

Menschenwürde
ist kein Privileg der Führungskräfte.

Wer sich täglich
mit brutalen Bildern
und Nachrichten vergiftet,
härtet sich dagegen ab.

Wo dir Geld fehlt, fordert das Leben
deine Zeit als Zahlungsmittel.

Not weckt bei anständigen Menschen
Hilfsbereitschaft, bei unanständigen Kaltblütigkeit.

Ethik und Kultur einer Nation erkennt man
am Stand ihrer Kinder und Alten.

Wo die Mächtigsten der Welt schon unentwegt
damit beschäftigt sind, die Milliarden unter sich
aufzuteilen, wie könnten sie da noch Zeit haben,
sich um die Ärmsten zu kümmern.

Ein Technokrat, der nicht von Ethik geleitet wird,
ist gefährlich kaltblütig.

Was ich nicht brauche, kann mich nicht fesseln.

Wo Rentner nach lebenslanger Arbeit
nicht mit ihrer Rente überleben können,
nennt man das eine Leistungsgesellschaft.

Ein Spitzengehalt lässt schnell vergessen,
wer man war.

In unserer Kultur schmust man mit Haustieren
und schlägt alte Menschen.

Am Leid des Menschen entzünden sich
Nächstenliebe und Verachtung.

Wenn nur ein einziger Mensch undankbar ist,
wirkt sich das auf die Moral vieler aus.

Not verteilen wir auf den Schultern vieler
Menschen, den Luxus behalten wir für uns allein.

Solange du noch dein Haus besitzt,
kommt dein Besuch auch gerne ins Pflegeheim.

Mit der Sondenfütterung gewinnt das Altersheim
Zeit und spart Menschlichkeit.

Ein gut gepolstertes Bankkonto
macht das Alter
für die Alten und ihre Erben erträglicher.

Wer achtet die Alten, wenn sie einst verkalken?

Selbstbewusstsein,
das auf Geld basiert,
ist eine riskante Anlageform.

Im Zweifelsfalle folge man einzig der Regierung
seines Gewissens.

Ein Mancher liebte die Monetik
und pfiff dabei auf Ethik.

Wer in dieser Welt seinen Charakter
nicht aufs Spiel setzen will,
muss gegen die Macht des Geldes immun sein.

Wahrheit lässt sich zwar unterdrücken,
aber Lüge nicht ewig vertuschen.

Gewissensbisse beißen immer nur die Falschen.

Intelligenz, mit Gewissenlosigkeit gepaart,
könnte zur KI-Allmacht werden,
welche die Menschheit das Fürchten lehren kann.

Wer der Schleimspur des Geldes folgt,
bleibt daran kleben.

Geld und Habgier füttern sich gegenseitig fett.

Geldgier lässt sich nur schwer verbergen.

Was heute wissenschaftlich en vogue ist, war
gestern schon veraltet und wir erfahren es morgen.

Arbeitszeit ist käuflich,
Lebenszeit lässt sich nicht mit Geld bestechen.

Wo die Alten sich des langen Lebens erfreuen,
hört der Spaß für ihre Erben auf.

KI – Superintelligenzen werden die Ersten sein,
die uns beweisen,
dass unsere Gedanken nicht frei sind.

Der Mensch ist nur dort wohlhabend,
wo sich seine Gedanken frei entfalten dürfen.

Bedenklich, dass an unserer Zukunft
auch die Dummheit mitarbeitet.

Kaum etwas kann so rasch verderben,
wie ein Charakter.

Wo es in der Hauptsache um Waffen geht,
sind Menschen eben nur Nebensache.

Manchmal zeigt sich der wahre Charakter
eines Menschen erst auf dem Sterbebett.

Wo sich Habgier eingenistet hat,
findet Güte keinen Platz mehr.

Wer seinen Lebenssinn im Geld gefunden hatte,
ging beim Sterben leer aus.

Wo Fanatismus in Führung geht,
ist der Verstand bereits geflüchtet.

Gütige Worte
sind vor einer Eskalation einzusetzen,
danach übernehmen Waffen die Führung.

Mancher Menschen einziger Reichtum
auf dieser Welt besteht aus ihrem Leid.

Wenn Geldgier uns am Kragen hat,
erwürgt sie zuerst unsere Moral.

Innerer Reichtum macht ebenso unabhängig,
wie äußerer Reichtum süchtig macht.

Geldgier ist eine Sucht,
deren Entzug tödlich enden kann.

Wenn die Masse erst gemeinsam
in eine Richtung marschiert, ist es meist zu spät,
um noch eine andere zu wählen.

Der Tod liebt uns bedingungslos,
er nimmt uns auch ohne Vermögen mit.

Krieg mit deutschen Waffen!
Ab wieviel Toten sind wir reich genug?

Dummheit ist die folgsamste Armee der Gewalt.

Intoleranz zeigt sich gern, wo sie willkommen ist.

Krieg lechzt nach Sieg und nicht nach Versöhnung.

Eine Gesellschaft, die ihren Alten die Würde raubt,
raubt sie sich selbst.

Jegliche Gewalt verhindert Frieden.

Ob etwas Gut oder Böse ist, kann man lehren,
aber nicht lernen.

Moralisch zu handeln, ist eine lebenslange
Lernaufgabe für unsere Gesellschaft.

Die Fäulnis unserer Moral
wird durch den Virus der Gier verursacht.

In der Welt treibt man es auf die Spitze,
die Einen mit ihrem Vermögen,
die Anderen mit der Armut.

Neid prallt dort ab, wo er keine Resonanz findet.

Je sicherer und höher
der Lebensstandard einer Gesellschaft ist,
desto weniger stellt sich die Frage
nach Sinn und Moral.
Erst mit der Vergänglichkeit
von Natur und Mensch
wird sie zwingend damit konfrontiert.

Allein mit dem Frust und Zorn
einer Menschenmasse lässt sich leicht ein Krieg
anzetteln, sogar dann, wenn das Ziel des Führers
der Masse nicht klar ist.

Krieg
ist eine menschliche Krankheit,
sie tritt schubweise auf wie Fieber.

Ein Soldat ist nicht zur Empathie
mit seinem Opfer fähig,
weil er die gesamte Konzentration all seiner Sinne
einzig für sein Tun benötigt.
Seine Tat quält ihn nur deshalb nicht,
weil er sie nicht selbst beobachtet.

Das größte Problem der Menschheit ist es,
während des Krieges ein guter Mensch zu bleiben,
und danach,
noch einmal ein guter Mensch zu werden.

Wohin wir auf diesem Planeten auch schauen,
oft wurden aus Chancen Probleme gemacht.

Ein Mancher,
der sich selbst verachtet,
wird von Anderen geachtet.

Gespieltes Mitgefühl verletzt schlimmer
als gar keines.

Die klügste Form von Überlegenheit ist,
sich mit Gewalt und Hass
nicht auf eine Stufe zu stellen.

Gier schaltet unser Gewissen aus.

Gier ist, wenn genug niemals genug ist.

Die Pharmaindustrie
zielt mit manchen ihrer Produkte
auf unser Geld *und* unser Leben.

Die Menschheit ist kräftig dabei,
sich zu entmenschlichen.

Musik und Kunst
sind die Dolmetscher unserer Seele.

Es gibt zum Glück noch Menschen,
die über Gehirn
und Herz verfügen.

Wo keine Kraft mehr ist,
dort sterben die Illusionen.

5
SPRACHE

Manche
denken noch,
bevor sie schreiben.

Manches wird leider schneller geschrieben
als gedacht.

Kreativität ist die Werkstatt Gottes.

Überfluss ist Ursprung armseliger Literatur.

Schreiben macht einsam glücklich.

Schreiben ist Fleckensalz für schmutzige Tage.

Für manche Gefühle fehlen uns Worte,
Schriftsteller erfinden sie.

Schreiben ist ein Sorgenkiller.

Zum Glück ist manches schneller gesagt
als geschrieben.

Ein Aphorismus wird lang gedacht
und kurz gemacht.

Worte, je sparsamer, desto kostbarer.

Lang gedacht und kurz geschrieben,
ist Vielen im Gedächtnis geblieben.

Aphorismen sind die kostbaren Essenzen
einer Sprache.

Aphorismen sind das Dessert des Schreibens.

Aphorismen sind wie Stechmücken,
stechen kurz und jucken lang.

Aphorismen sind schwerverdauliches
Gedankengut in verträglichen Portionen.

Aphorismen sind Provokationen in kleiner Münze.

Aphorismen sind sinnverdichtete Miniaturen
maximaler Denkarbeit.

In kurzen Aphorismen steckt oft
lange Lebenserfahrung.

Gute Aphorismen provozieren den IQ des Lesers.

Aphorismen machen Großputz in der Sprache.

Aphoristiker sind Wortakrobaten,
die sich verkürzen können.

Bücher schreiben macht glücklich,
Aphorismen schreiben macht öfter glücklich.

Aphoristiker sind Wortgrübler.

Aphorismus ist Leben
auf den kleinsten verbalen Nenner gebracht.

Spruchweisheit
ist gereifte Lebenserfahrung in Miniformat.

Reflexionen sind Beobachtungen
rund ums Menscheln.

Aphorismen
sind die vielen kleinen Fußabdrücke des Lebens.

Ein Aphorismus braucht oft lange,
um kurz genug zu werden.

Mit Aphorismen schnürt man lange Gedanken
in kurze Sätze.

Wörter,
die im Kopf noch auf Stelzen daherkommen,
brechen plötzlich zusammen,
wenn sie mit dem Stift
über das Papier marschieren sollen.

Längst nicht jeder Blitzgedanke
ist auch ein Gedankenblitz.

Eine lange Lebensgeschichte
lässt sich mit Aphorismen verkürzen.

Gute Aphorismen
sind die Gedanken-Athleten der Sprache.

Wer Mainstream schreibt,
wird auch mit ihm vergehen.

Wer nicht schreibt, macht auch nichts falsch.

Nichts ist einfacher, als mit starken Worten
schwach auszuholen.

Einen kurzen Aphorismus zu schreiben,
kann sich lange hinziehen.

Aphoristiker müssen dort vorausdenken,
wo der Leser nachdenken soll.

Wer langsam spricht,
sollte wenigstens schnell denken können.

Wie angenehm wäre es,
wenn meine Gedanken nur mal so ganz verschlafen
im Hirn herumlungern könnten.

Um etwas Kluges aufs Papier zu bringen, muss
der Geist über eine perfekte Müllabfuhr verfügen.

Gute Literatur schmückt unsere Sprache
mit Goldfäden.

Glücklicherweise können nicht alle,
die böse denken, auch gut schreiben.

Aphorismen sind die Sahnetupfer der Sprache.

Aphoristiker sind die Goldsucher der Worte.

Mancher Schriftsteller begann erst zu schreiben,
als er in der Tinte saß.

Wo Schreiben gelingt,
wird Geisteskraft in Wortkraft verwandelt.

Glück – sich Zeit zum Schreiben erobert zu haben.

In manch einem Hirn krabbeln die Gedanken
so geschäftig durcheinander,
wie in einem Ameisenhaufen.

Nicht, dass jemand berühmt ist, ist ausschlag-
gebend, sondern wodurch er berühmt wurde.

Je kürzer der Text, desto größer die Verantwortung
des Autors für das einzelne Wort.

Sogar der gute Geschmack
unterliegt dem Wandel der Zeit.

Kopfarbeitern fehlt eine Gewerkschaft,
welche die Arbeitszeiten begrenzt.

Wo Denkschärfe fehlt,
kann es Rhetorik auch nicht wettmachen.

Denkwege führen gelegentlich in Sackgassen
und enden dann meist auf Irrwegen.

Kurze Aphorismen zu schreiben,
kann sich in die Länge ziehen.

Ein guter Aphorismus hat Haare auf den Wörtern.

Auch beim Schreiben sitzt der Autor
gelegentlich in einer Dunkelkammer.

Gelungene Poesie hat etwas von Sahnetorte,
die auf der Zunge zerschmilzt.

Beim Schreiben buchstabiert meine Seele "Glück".

Es gibt Gedankenblüten, die bereits verblüht sind,
bevor sie auf dem Papier landen.

Schreiben ist Großputz in der Seele.

Aphorismus
ist die Stenografie der Lebenserfahrungen.

Aphorismen sind Gehhilfen fürs Nachdenken.

Aphorismen laufen am besten, wenn sie sitzen.

Aphorismen sind Dünger für den Geist.

Ein einziges dummes Wort erzeugt
mehr Nachkommen als hundert kluge.

Kritik sucht im Besten noch das Schlechte.

Der Schmerz erstickt unsere Überheblichkeit.

Etwas, das in aller Munde ist,
ist oft nicht der Rede wert.

44

Ungedruckte Bücher sind Gedanken,
die Einem noch allein gehören.

Pseudoweisheiten in Worthülsen erweisen sich
selten als lebenstauglich,
wenn man die Hülse vom Wort trennt.

Verlagshonorar bringt Kunst und Stil in Gefahr.

Will der Autor beim Lesen Gehör finden, sollte er
allzu viel Geschrei beim Schreiben vermeiden.

Das Wort bietet jedem seinen Spielraum
der Deutung.

Der konzentrierte Gedanke eines guten
Aphorismus kommt aus dem Innern der Sprache.

Wer seine Befriedigung bereits im Schreiben
findet, für den ist Ruhm zweitrangig.

Mensch, verzettele dich nicht!

Gute Aphorismen dringen in die Tiefe
des menschlichen Verstandes ein, sofern sie nicht
bereits an dessen Oberflächlichkeit abprallen.

Blitzlichter des Geistes lassen sich nicht
auf Knopfdruck anknipsen.

Kunst ist die Sprache des Himmels.

Erst schüttle ich meine Gedanken kräftig durch
und dann puste ich aufs Papier,
was davon übrig blieb.

Der Aphorismus entspricht den Ansprüchen
der Wissensdurstigen, in ihm finden sich alle
Themen des Lebens und Sterbens.

Gute Aphorismen
kann man nicht auf Befehl schreiben.

Bedeutendes lässt sich am verständlichsten
erklären, wenn es kurzgefasst ist.

Kritik kann schon in kleinen Dosen verletzen,
in großen wirkt sie manchmal tödlich.

Das schnellste Transportmittel zur Demut
ist der Schmerz.

Damit ein Aphorismus zum Kern der Sprache
gelangt, muss er sich dort erst mal tief einbohren.

Um sich in der Kunst der Literatur zu bewähren,
braucht es Fantasie, Können, Zeit und die Freiheit,
nicht gefallen zu müssen.

Ein Schriftsteller ist dann nicht überflüssig, wenn
er der Gesellschaft von ethischem Nutzen ist.

Kühle Köpfe haben länger Zeit, sich heiß zu reden.

Ein guter Aphorismus ist die Lupenansicht der
Sprachkunst.

Leere Worthülsen erziehen nicht,
sondern kehren wie ein Bumerang zu uns zurück.

Aphorismen mit provokantem Gedankengut
können auf charmante Art
zum Nachdenken anregen.

Die Logik
bleibt sich am Ende den Beweis selbst schuldig.

Innen hellhörig und außen taub
ist immer noch besser als umgekehrt.

Während ich nach Worten suche,
die sich gegenseitig schmücken,
fürchte ich diese, die sich gegenseitig aufblasen.

Ein Dummer
sticht aus einer Menschenmasse kaum heraus.

Zerbrichst du dir ständig den Kopf,
wird ihm dein Körper darin folgen.

Grübeln raubt uns kostbare Zeit;
erst recht im Alter!

Es gibt Menschen, die zögern so lange,
bis ihnen der Tod die Lippen blau färbt.

6
FREUDE

Lächeln
überlistet den Zorn –
deinen und meinen.

Beginne zu lächeln; im Lächeln liegt ein Anfang.

Lachfalten sind die Zierkissen unseres Lächelns.

Unsere Lebensgeschenke
dürfen wir erst auspacken,
wenn wir den Schöpfer
an unserer Freude teilhaben lassen.

An Falten
stirbt man äußerstselten.

Das Glück des Mannes heißt: Sie will.
Das Glück der Frau: Ich will!

Wer zu zweit lacht, lacht am schönsten.

Lächeln ist eine Waffe gegen Unhöflichkeit.

Ein Lächeln, das uns zufliegt,
hat Hoffnung im Gepäck.

Unfreundliche Menschen anzulächeln,
beeindruckt vielleicht nicht so sehr,
wie wenn man sie anspucken würde,
doch strengt es weniger an.

Selbst die Sonne lacht nur müde
in das Leben mürrischer Menschen.

Lächeln ist eine Friedenspfeife.

Mein Garten und ich,
wir lächeln uns jeden Morgen an.

Ein Lächeln kann uns Freunde schenken
und Feinde nehmen.

Ärger ist die Vergnügungssteuer der Freude.

Auch ein Kuss versüßt kein Muss.

Man kann alles nett sagen,
es sei denn, man ist nicht nett.

Glück muss auch mal trauern dürfen.

Musik ist ein Narkosemittel für Kummer.

Lächeln ist mein Vermächtnis an euch.

Fängt der Tag mit Liebe an,
häng' ich gleich mein Lächeln dran.

Ein herzliches Lachen
taut selbst tiefgefrorene Herzen auf.

Lächeln setzt sogar Dummheit außer Gefecht.

Lächeln ist Schmusen mit der Seele.

Botox steht mancher Frau tatsächlich besser
als ihr Lächeln.

Aus jedem Lächeln könnte ein Lachen wachsen.

Mein Liebster und ich, wir schenken uns jeden
Morgen ein Lächeln, bevor sich der Rest der Welt
etwas von uns wünschen darf.

Wer lächelt, kann nicht gleichzeitig schreien.

Im Lächeln keimen die Wurzeln der Zuneigung.

Lachen und Lieben kann uns keiner verbieten.

Die Zeit und das Lächeln sind immer auf Reisen.

Lächeln puffert Unhöflichkeit ab.

Verschenk dein Lächeln und es vermehrt sich.

Lächeln hält den Feind in Schach.

Lächeln ist das Grundkapital der Freundschaft.

Fünfmal täglich frisch gelacht,
hält hausgemachten Frust in schach.

Ein Botoxlächeln ist immer noch besser
als gar kein Lebenszeichen im Gesicht.

Lächeln ist ein Notpflaster für Kummer.

Ein freundliches Lächeln verzaubert dich und mich.

Lächeln erstickt unseren Groll.

Lächeln kann Rivalen außer Gefecht setzen.

Lächeln – ein Symbol der Menschlichkeit.

Wer keinen Humor besitzt,
sollte sich wenigstens ein Lächeln leisten.

Schon ein kleines Lächeln
kann den Frieden einläuten.

Lächeln ist ein Zeichen von Zuversicht.

Leide – doch dann lächle.

Lächeln zeigt Achtung vor dem Gegenüber.

Lächeln sprengt den Kern des Widerstands.

Glück ist, wenn nicht ich nachgebe,
sondern mein Schatz.

Sogar Gott verbringt seine Freizeit
im Garten von Bad Schachen.

Woher soll man die Heiterkeit noch nehmen,
wenn Comedy mal unbezahlbar wird?

Dummheiten sollten zumindest Spaß machen,
während man sie macht.

Mit Humor schwimmst du leichter durchs Leben.

Wer keinen Humor hat,
kann ihn unterwegs wenigstens nicht verlieren.

Bei lustigen Witwen
kam der Spaß erst nach der Ehe.

Ein Lob zuviel
kann die süße Speise noch versalzen.

Mit Humor
kannst du dir eine Prise Zucker
in den Quark des Lebens streuen.

Wem Schönheit geschenkt wurde,
der hat's leicht,
aber wem Heiterkeit geschenkt wurde,
der hat's schön.

Wenn du traurig bist,
solltest du Mozart zu dir einladen.

Besitzt du viel Nächstenliebe?
Dann verschenk sie doch!

Lächeln ist das Globuli vom Glück.

Lächeln
schmückt ein altes Gesicht noch schöner
als das junge.

7
GLÜCK

Glück ist,
wenn
der Schmerz nachlässt.

Glück im Alter ist, wenn man noch leben will.

Weil besser immer besser werden muss,
sollte man den Punkt schon bei gut genug setzen.

Kleingeist ist wie Hefeteig.
Er bläht sich auf im Glück
und fällt beim kleinsten Luftzug
von Unglück in sich zusammen.

Wo sich Kreativität nicht ausleben kann,
verliert sie ihren Lebenswillen.

Schnelligkeit muss nicht immer zum Glück führen,
Ungeduld führt aber ganz sicher davon weg.

Glück ist, selbst am Hässlichen
noch etwas Schönes gefunden zu haben.

Charme bahnt uns den Weg ins Glück.

Glück ist auch, damit einverstanden zu sein,
was das Leben uns anbietet.

Lebenskünstler ist,
wer der Kunst Leben
und sein Leben der Kunst schenkt.

Glück praktizierst du,
wenn du in jede Arbeit,
die du verrichtest, völlig eintauchen kannst.

Glück ist,
sich selbst weder zu überfordern,
noch überfordern zu lassen.

Glück ist, zu wissen,
dass alles noch schlimmer sein könnte.

Beim Glück muss man Wache halten,
damit sich das Unglück
nicht heimlich anschleicht.

Natur ist Glück pur!

Welche Art Glück der Mensch sucht,
zeigt sich dort, wo er seine Prioritäten setzt.

Wenn du jetzt schon über deine Pflege nachdenkst,
verdirbst du dir das Leben und die Rente.

Wünsche schmelzen wie Butter in der Sonne,
wenn man sie im Leben einfach stehen lässt.

Wenn es richtig ist, fühlt es sich auch richtig an.

In der klassischen Musik
reist Gott als blinder Passagier mit.

Glücklich bin ich,
wenn ich erkenne
und damit zufrieden bin,
was Gott für mich bestimmt hat.

Unglück ist das Versteck des Glücks.

Glück gibt's nicht im Abo.

Glück ist ein verwöhnter Gast,
man muss ihm entgegenkommen.

Glück und Liebe fahren auf der gleichen Schiene.

Zum Glück bin ich mit Gott vernetzt.

Glück und Unglück wollen in Ruhe garen.

Unglück und Schmerzen blähen sich auf,
sobald sie Aufmerksamkeit bekommen.

Kunst und Lebenskunst,
beide erfordern Kreativität.

Glück ist, wenn ich spüre, dass du glücklich bist.

Glück ist, wenn ich dich leben spüre!

Sieh in die Augen eines Säuglings
und du schaust ins Paradies.

Unglück ist die Trauer des Glücks.

Im Leben kommt es darauf an, dass die Hand,
die uns am Ende berührt,
nicht zu einem kalten Herz gehört.

Glück kann sein,
wenn das Denken auch mal Pause machen darf.

Gütige Worte sind wie Tau,
der unsere Seele benetzt.

Die Menschenseele erwärmt sich, wo sie geliebt
wird, aber strahlt erst, wenn sie liebt.

Glück macht häufig nur Blitzbesuche.

Glückspilze gedeihen überall.

Glück ist, wenn ich damit zufrieden bin,
was der Schöpfer für mich bereithält.

Das Glück will ein ersehnter Gast sein.

Glück ist auch eine Frage
vom Standort meines Pflegebetts.

Glück will auch verschleiert erkannt werden.

Ein einziges fröhliches Lachen
kann viele Menschen glücklich machen.

Lachfalten sind der Überschuss unserer Heiterkeit.

Vieles wird erst schön durchs Alter.

Humor ist der Rückenwind des Lebens.

In der Natur spazieren zu gehen heißt,
mit dem Glück Arm in Arm
unterwegs zu sein.

Von Zeit zu Zeit bin ich im Himmel unterwegs,
um mir ein paar Aphorismen abzuholen.

Glück praktizierst du,
indem du deine Wünsche reduzierst.

Liebe ist die Krone menschlichen Lebens.

Mit deinem Lächeln kannst du dem Leid noch
rasch eins auswischen.

Alte Ehen, manche Krankheiten
und sogar das Wetter
bessern sich gelegentlich von selbst.

Liebe ist der wärmste Mantel
für eine unterkühlte Seele.

Auch Restglück kann man sinnvoll verwenden.

Glück ist,
am Hässlichen das Schöne gefunden zu haben.

Glück und Unglück stürmen meist
als Überraschungsbesuch in unser Leben.

Glück lässt sich auch gebraucht verschenken.

Während man in der Jugend noch dem Glück
nachstellt, ist man im Alter schon zufrieden,
wenn einen das Unglück nicht verfolgt.

Wer dem Glück nachläuft,
läuft Gefahr, dass es ihn nie einholt.

Glück ist, wenn man sich zu wundern beginnt,
dass man gesund ist.

Hoffnung ist der Zaubertrank,
der dem Leben wieder Farbe schenkt.

Es ist immer noch besser,
mit einem fröhlichen Körper in einer bleischweren
Welt unterwegs zu sein, als umgekehrt.

Glücksempfinden weist meist darauf hin,
dass wir Schwierigkeiten überwinden konnten.

Was ist das Schönste am Leben? Die Hoffnung,
dass das Schönste noch kommen wird.

Es gibt Menschen, die allen Grund hätten, glücklich
zu sein, wenn sie ihr Glück akzeptieren könnten.

Das Glück mag nicht,
wenn wir ihm Bedingungen aufzwingen wollen.

Der Spürhund bei der Suche nach dem Sinn
des Lebens ist das Glücksempfinden.

Wo das Glück keine Anerkennung findet,
fühlt es sich unwohl.

Der Tod könnte
die Eintrittskarte fürs Paradies sein.

Glück ist, wenn du dich in Einem findest,
bevor du dich in Vielen verloren hast.

Liebe ist Muße für das Gute.

Für Liebe gibt es weder Begrenzung noch Zeit.

Wenn dich das Glück bis zum Alter
nicht eingeholt hat, hat es dich wahrscheinlich
schon unbemerkt überholt.

Eine bewegende Stimme singt sich in die Seele von
Zuhörern und öffnet dort den Tresor der Gefühle.

Hunger ist meist ein Anzeichen von Gesundheit.

Schenkt den Alten euer Herz
und aus Dankbarkeit
werden sie weinen.

Glücklich ist der Mensch, der erkennt,
dass er genau dort hingehört, wo er sich befindet.

Kreative Schaffenslust
ist das Jauchzen unserer Seele.

Natur ist First Class-Wellness.

Kreativität ist ein Heilmittel,
das jeder Mensch in sich trägt.

Es liegt in der Hand jedes gesunden Menschen,
wie er auf seine Gefühle reagiert
und damit auch sein Leben lenkt.

Sobald der Verstand
das Gefühl in Isolationshaft steckt,
beginnt das Gefühl zu rebellieren.

Einsamkeit ist die beste Freundin der Kunst.

Mit Musik buchstabiert man Leben.

Musik ist das Alphabet,
das Gott uns in die Seele schrieb.

Die selbstgewählte Einsamkeit ist die produktivste.

Es kann ein großer Spaß sein,
nicht überall dabei sein zu müssen.

Frei sein bedeutet,
die Verantwortung für sich
selbst übernommen zu haben.

Wer von der Weisheit des Herzens spricht,
spricht vom Göttlichen im Menschen.

Glück ist, rechtzeitig zu erkennen,
was man nicht braucht.

Ruhe für unsere Seele
bringt manchmal schon eine große leere Mülltonne.

Neidlos das Glück
eines anderen loben zu können,
gelingt nur gütigen Menschen;
die andern lobhudeln erst dann,
wenn du gestorben bist.

Tu, was du tust, mit Liebe,
und deine Zeit vermehrt sich.

Den kostbarsten Luxus,
den der Mensch anhäufen sollte, ist die Liebe.

Liebe ist der Zuckerguss unseres Lebens.

Ein fröhliches Leben
beginnt mit Dummheiten
und ein glückliches endet mit Weisheit.

Spazierengehen
ist immer noch
die klügste Sportart für Körper und Geist.

Beginne den Tag
mit einem Spaziergang durch deinen Geist,
dort sammelst du Kraft für den Tag.

8
SORGE

Trauer
ist zeitlos.

Leid baut Arroganz ab.

Unglück macht häufig nur Blitzbesuche.

Leiden
wird uns mit der Geburt in die Seele gebettet.

Not fordert Entwicklung heraus.

Wo Leid keinen Ausweg mehr sieht, gibt es
für den Künstler immer noch einen Fluchtweg.

Arztdiagnose sollte der Heilung
Hoffnung machen.

Man sollte sein Leben in gute Tage kleiden
und die schlechten damit einwickeln.

Zuviel Eifer und Wille braucht bald eine Pille.

Hoffnung ist das Ruder im Ozean unserer Sorgen.

Welch Dilemma,
wenn ein schwacher Körper
einen ruhelosen Geist beherbergt.

Sind Schmerz und Kummer erst vorbei,
braucht es nichts weiter mehr, um glücklich zu sein.

Wer bekommt noch lebensgefährlichere
Ratschläge als ein Todkranker?

Krisen sind der Kurzschluss unserer Seele.

Groll beißt uns Löcher in die Seele.

In der klassischen Musik
hat Gott Heilkräfte versteckt.

Wer großen Schmerz aushalten kann,
hat "Leben" gelernt.

Wo Gott und Natur zusammen mit uns
im Team sitzen, ist Seelenheil garantiert.

Hör nicht auf zu beten, wenn es dir gut geht,
damit du wieder singen kannst,
wenn es dir schlecht geht.

Nur innert deiner Grenzen darfst du dich ver-
schwenden, willst du dein Alter gesund beenden.

Not und Krankheit setzen unsere Reserven frei.

Lange Krankheit gibt uns die Chance,
Geduld zu lernen.

Siechtum
ist das grausamste Gesicht einer Krankheit.

Schrei den Schmerz heraus,
bevor er sich in einer Ecke deiner Seele
verkriechen kann.

Selbst im sichersten Leben
ist das Risiko Untermieter.

Verwundete Seelen
lassen sich mit Tränen und Lachen heilwaschen.

Wer leidet, riskiert, seinen Hochmut zu verlieren.

Trauer ist die Verbindung zur verstorbenen Person.

Der Tod schenkt Manchen den Frieden,
nach welchem sie sich lebenslang sehnten.

Tod kann Erlösung für den Sterbenden
und Folter für den Verlassenen sein.

Todesgefahr macht den Helfer dort mutig,
wo er selbst Todesfurcht hat.

Leben ist Wachsen zum Sterben hin.

Von Nacht zu Nacht breitet sich der Geruch
des Todes ein wenig mehr in unserem Leben aus.

Vielleicht ist der Tod
ja auch unser Sprungbrett zum Paradies?

Leben ist Sterben am Fließband.

Je näher der Tod bevorsteht,
desto stärker die Liebe, die uns trägt.

Der Tod nimmt auch Nachzügler mit.

Die Angst vor dem Tod kann lange andauern.

Sterben ist wie zurückgeboren werden.

Trauer sucht nach Spuren des vergangenen Lebens.

Der Tod ist die Waschfrau unseres Lebens.

Vielleicht ist der Tod der Jungbrunnen
im Vorzimmer des Garten Edens?

Krankheit ist das Gewitter des Lebens.

Wo Krankheit uns mit Siechtum droht,
ist der Tod ein willkommener Gast.

Der Tod schenkt uns Flügel.

Sein Leben zu lieben,
gelingt unter Todesgefahr am besten.

Selbst im langweiligsten Leben steckt Todesgefahr.

Abschiednehmen ist im Pflegeheim
Akkordarbeit.

Ein jeder trauert nach seiner Façon.

Leid ist Dunkelheit, die uns belichtet.

Angst vor dem Tod
schränkt Heilungsmöglichkeiten ein.

Manchmal ist Sterben
der einzige Notausgang des Lebens.

Willst du Zeit verlieren,
dann grüble über dein Unglück.

Wenn es scheint,
als wolle die Welt einstürzen: Kopf einziehen,
Bettdecke drüber
und weiterträumen.

In der Dunkelheit ruht das Licht vom Morgen.

Dunkelheit braucht Tapferkeit.

Je mehr Leiden,
desto mehr Pillen,
je mehr Pillen,
desto mehr Leiden.

Wenn der Tod nach mir fragt, sag ihm,
ich sei unbekannt verzogen.

Loslassen bereitet unsere Seele aufs Fliegen vor.

Selbst durch bleigraue Wolken hindurch
findet die Sonne
irgendwann den Weg zu uns.

Vielleicht ist der Tod
nichts als die Entbindung eines neuen Lebens?

Nimmt der Arzt dem Patienten die Hoffnung,
tötet er damit den Beginn einer möglichen Heilung.

Siechtum ist die Anwesenheit des Todes
im lebendigen Körper.

Am Ende einer siechenden Krankheit
stirbt nicht der Mensch, sondern sein Leiden.

Der Tod steigert den Preis des Lebens.

Not erfordert Wendefähigkeit.

Schockgefrorene Herzen
sind schwer wieder aufzutauen.

Ein gebeugter Rücken hat möglicherweise mehr
getragen, als die Natur für ihn vorgesehen hatte.

Der Winter ist die Trauerzeit unserer Natur.

Leiden ist und bleibt
die eindrücklichste Lebenserfahrung.

Ein Mensch muss viel über sich ergehen lassen,
bis das Leben ihn in Ruhe lässt.

Trauer läutet den Winter in unserem Herzen ein.

Im Schlaf reparieren sich Körper und Seele gratis.

Brauchst du die Arbeit weder zur Existenz,
noch zum Vergnügen,
dann nutze sie als Heilmittel.

Hoffnungslosigkeit
ist oft nur verzweifeltes Selbstmitleid.

Sterben ist die Erlösung unseres Geistes.

Sobald ich anerkenne, dass ich sterben werde,
spielt das Wann keine wesentliche Rolle mehr.

Bist du krank, lass deine Fantasie
zurück zu deiner Gesundheit eilen.

Greife dem Schädlichen nicht voraus,
sondern verharre stoisch im Tatsächlichen.

Ein lebender Leichnam fürchtet nicht den Tod.

Es ist noch kein Mittel gegen den Tod erfunden
worden, warum also, sträubst du dich,
ihn zu akzeptieren?

Je müder der Mensch ist,
desto weniger gelingt es ihm,
sich im Schlaf zu erholen.

Die Angst vor dem Tod ist dort am größten,
wo die Lebenszeit vergeudet wurde.

9
ALTER

Alter
in Isolation
tötet Illusion.

Sobald Jugend fühlt, dass das Alter uns alle nicht
verschont, zollt sie ihm mehr Achtung und Güte.

Die Todesstrafe in unserer Gesellschaft heißt Alter.

Alter zu verschenken! Wer will es haben?

Manche Gesichter im Alter zeugen
von übereifriger Denklebensleistung.

Überlass das Altern ruhig deinem Körper,
während du dich derweil mit dem Rest vergnügst.

Wer knapp am Spiegel vorbeischaut,
bemerkt sein Alter später.

Mit erhobenem Haupt durchs Alter gehen,
solange uns unten kein Grab im Weg liegt!

Zum gnädigen Alter braucht es zwei;
einen, der es akzeptiert, und einen, der es ignoriert.

Zählst du zu deinen Freunden viele alte Menschen,
erlebst du Sterben im Akkord.

Im Altern zeigt sich, ob deine Heiterkeit
dem eigenen Verdienst zuzuschreiben ist.

Alter lebt sich nicht immer so, wie es aussieht.

Im Alter lauert uns die Kreativität auf.

Ist oft nicht doch
gerade das Alte auch das Schönste?

Wie viele Ideen und Pläne du auch noch hast,
das Alter bremst dich aus.

Glaub' nicht, du könntest dem Alter davonjoggen,
dein alter Schatten verfolgt dich.

Junge Gefühle und reife Gedanken
weisen dem Alter die Schranken.

Altern in Krankheit ist Pendeln
zwischen Mutlosigkeit und Blutlosigkeit.

Eingeschlafenes Alter und schlechte Erinnerungen
sollte man ruhen lassen.

Je lauter wir mit Kindern und Alten sprechen,
desto weniger erreichen wir sie.

Nur wer das Alter nicht bekämpft,
kann es besiegen.

Wer begreift,
dass man gleichzeitig alt und jung sein kann,
kann Altersspuren tolerieren.

Im Alter handelt man mit Zeit.

Alter vernetzt Reue mit alter Schuld.

Wenn nicht wenigstens im Alter tollkühn sein,
wann denn dann?

Mancher muss
ein zu großes Stück Alterstorte verzehren.

Selbst, wer um jeden Preis jung bleiben will,
kann seinen alten Schatten nicht damit bestechen.

Mit dem Alter verzieht sich unsere Sehkraft
von außen nach innen.

Erst die Patina des Alters verleiht uns jene Würde,
welche uns das Alter würdig ertragen lässt.

Machst du dir Gedanken um dein Altern,
lebst du nicht am Alter, sondern am Leben vorbei.

Fortschritt heißt im Alter
vom Rollator in den Rollstuhl.

Selbst aus dem Lachen alter Menschen
kann man ihren Lebenskummer heraushören.

Das Leben ist dort zu grob gemahlen,
wo es uns nur über die Sonde ernährt.

Alter ist solange souverän zu bewältigen,
bis es uns selbst erwischt.

Das Alter und die Skepsis paaren sich gerne.

Bei alten Menschen
kommt der liebe Gott öfter zu Besuch.

Um appetitlich zu bleiben, sollte man im Alter
ein wenig eitler werden.

Wer glaubt, er könne seinem Alter davonjoggen,
hat nicht bemerkt, als es ihn überholte.

Manche Ehen brauchen das ganze Leben
zum Scheitern.

Lebenszeit und Aktien sind Risikokapital.

Oft schafft Zeit,
was Willenskraft nicht geschafft hat.

Wer seine Zeit sinnvoll verwendet,
muss sie anschließend nicht vom Leben abziehen.

Alter hat ein Recht auf Langsamkeit!

Zeit, kostbarster Vermögenswert,
der achtlos verramscht wird.

Lebenszeit ist zu knapp,
um sie an Ignoranten zu verschwenden.

Das Doppel-Übel des Alterns ist,
es gibt kein Zurück, und auf dem Weg nach vorn
fehlt ein verlockendes Ziel.

Reife
lässt Vergangenheit ruh'n
und gibt Gegenwart Schwung.

Der Tod hält uns von der Verwirklichung
der besten Ideen ab.

Junge Menschen
sind das Salz in der Suppe der Alten.

Es gibt Leute, die schaffen es nur dank
ihrer Widerspenstigkeit, uralt zu werden.

Altersrunzeln
tragen das Lächeln oft noch inwendig.

Kränkle nicht
in Anwesenheit von Kranken.

Alter ist kein Hinderungsgrund für Dummheiten.

Nichts macht uns älter als die Angst vor dem Alter.

Im Alter fand man lange Zeit,
den Tod so zu erwarten,
als hätte man nichts anderes erwartet.

Nun Schöpfer,
da du mich in den Ruhestand versetzt hast,
sag' mir bitte auch,
wie „Ruhe" geht.

Das Angenehmste am Alter
sind immer noch seine Falten.

Wenn der alte Mensch nicht mehr vorwärtsgehen
kann, gehen seine Gedanken rückwärts.

Der Tod bringt Gerechtigkeit
zwischen arm und reich.

Nicht den Tod fürchte ich,
doch sein Vorzimmer bereitet mir Unbehagen.

Das Alter ist der Lockruf des Todes.

Schildkröten und Menschen werden sich
von Jahr zu Jahr ähnlicher.

Das Alter kennt sowohl seine alten
als auch unsere neuen Modekrankheiten.

Schenkt man den Alter kein Gehör,
werden sie sprachlos.

Bei manchen ist das Alter der krönende Abschluss
des Lebens, bei anderen das kränkende Ende.

Alter ist eine Erfahrung,
die garantiert tödlich endet.

Es gibt Pflegeheime,
da herrscht mehr Monetik als Ethik.

Erst die Reife weist dem Alter seine Schranken.

Auf dem Totenbett wird mancher
noch kirchensteuerpflichtig.

Im Alter sollte man das Gute glauben
und das Böse einkalkulieren.

Der Abstieg des Alters ist dort unvermeidlich,
wo es an Abhängigkeit gekoppelt ist.

Alter bietet uns die letzte Chance,
authentisch zu werden.

Glück im Alter ist, wenn man keine Implantate hat
und das Gebiss ganz einfach ins Glas legen kann.

Nicht nur das Alter erwartet Geduld von uns.

Jugend lässt sich nicht mehr vortäuschen,
wo Alter unterwegs ist.

Alter ist dort zu grob gemahlen, wo du dich
mit den zweiten Zähnen nicht mehr
durchs Leben beißen kannst.

Altern! Ist das der Fehlerteufel
in Gottes Schöpfung?

Die Jahre hinterlassen oft mehr Spuren
in unserem Körper, als in unserem Gedächtnis.

Knackige Jugend hat ein kurzes Frischhaltedatum.

Das Alter
kann nur verkleidete Menschen demaskieren.

Mitunter poliert das Leben unseren Charakter.

Eines Nachts
schleicht sich das Alter in dein Bett
und von da an steht es jeden Morgen mit dir auf.

Bei der Erschaffung des Alters
ist dem Schöpfer
offenbar die Ästhetik ausgegangen.

Die Gelassenheit des Alters macht Altwerden
schon beinahe wieder langweilig.

Die Einen verrosten im Ruhestand,
die Anderen vergolden sich ihn.

Alter ist Leben im Ausnahmezustand.

Was der Mensch sich selbst erlaubt,
kann ihm selbst das Alter nicht mehr verbieten.

Alter entwickelt sich mitunter
zu stehengebliebener Jugendlichkeit.

Es gibt zwei Gruppen von Alten,
die Einen sind die Vorbilder der Anderen.

Unser Leben wird von der Zeit verweht –
und plötzlich ist es weg.

Weil Versäumtes sich im Leben
selten nachholen lässt, sollten wir uns beeilen,
nichts zu versäumen.

Im Alter ist das Leben etwas eintöniger, da sich so
Vieles zu wiederholen scheint; sogar die Mode.

Erst nach deiner Beerdigung erweist sich,
was von dir zurückbleibt.

Zum raschen Altern genügt schon
ein kurzer Ruhestand.

Das Leben will verhindern,
dass wir stehen bleiben.

Wer sich im Ruhestand keinen Humor gönnt,
hat sich keinen verdient.

Ruhestand will nicht nur vorbereitet,
sondern auch gelebt werden.

Wer im Ruhestand nicht weiß, was er will,
wird oft tun, was andere wollen.

Es scheint unlogisch, sich vor seinem Lebensende
zu fürchten, wenn man nicht mehr weiß,
was man mit seiner Zeit anfangen soll.

Der Zahn der Zeit nagt auch am Ruhestand.

Unser Leben
schachert mit dem Tod um unsere Zeit.

Alter ist der Vorhof zum Friedhof.

Lächeln ruht sich gerne auf Eckzähnen aus.

Ein voller Zweithaarschopf
entlockt Träger und Friseur ein Lächeln.

Liebt eure Alten, bevor sie erkalten!

Das Leben ist zum Wachsen da,
faulen können wir unter der Erde.

Eine Seele, taufrisch jung,
hält selbst ein Alter mit Runzeln in Schwung.

Auf dem Totenbett werden manche noch gläubig.

Alter beginnt mit Notruf und endet mit Abruf.

Das Leben wird erst mit dem Tod
in Stein gemeißelt.

Alte Leute, auf jung gestylt, erinnern an frisch
lackierte Autos auf dem Schrottplatz.

Wackelpudding ist auch eine Alterserscheinung.

Alter war der Stromausfall der Schöpfung.

Gut Alter will Frieden haben.

Lieber alt aussehen als veraltet denken.

Nicht alles, was steif ist, muss auch vornehm sein.

Es gibt Menschen mit Kleinhirn, Großhirn,
Doppelhirn bis hin zum Doppelkinn.

Alter ist gelebtes Leben mit Tintenklecksen.

Ein gesunder Geist nutzt dem Menschen mehr
als ein kranker Körper.

Mit chronischen Schmerzen lernt man
rascher genießen.

Reife kommt oder kommt nicht,
beides hat Vorteile.

Statt über Falten im Gesicht zu klagen, sei dankbar,
wenn im Gehirn dich noch keine plagen.

Angst vor dem Tod endet garantiert tödlich.

Trauerarbeit ist Schichtarbeit im Alleingang.

Auch der Tod trifft mal daneben,
aber er gibt niemals auf.

Auf jedem OP-Tisch lauert der Tod.

Der Tod schneidert für alle auf Maß.

Ausruhen kann ich mich in der Urne
noch lange genug.

Lebenszeit hat keinen Reservetank.

Der Träumer wünscht sich jung zu sterben.

Die ewigen Vorbereitungen auf das Leben
verhindern Leben.

Bevor du damit fertig bist,
dir dein Leben einzurichten, ist es vorbei.

Manche brauchen ein ganzes Leben lang
fürs Nichtstun.

Der Rollator ist das Skateboard des Alters.

"Wegtreten!", sagte der Tod zum Alter.
"Heute ist aber Ruhetag",
antwortete ihm das Leben.

Nicht das Alter,
sondern der Wunsch, jünger zu sein,
verdirbt uns den Spaß am Alter.

Den Seinen gibt's der Herr, wo er will.

Alter ist gleichzusetzen mit Todesstrafe
ohne Aussicht auf Begnadigung.

Ein Tag im Alter
verläuft gleich fröhlicher,
wenn man immer knapp am Spiegel vorbeischaut.

Im Alter kann man sich entscheiden
zwischen Pflegeheim und Gefängnis;
Pflegeheim ist teurer.

Alter ist schwer verdaulich,
man sollte es sich
in kleinen Portionen zuführen.

Lieber stoisch daheim als hektisch unterwegs.

Sterben und Erben bringt oft noch's Verderben.

Runzeln sind die veraltete Deko
eines reich geschmückten Lebens.

Wenn die Alten sich am langen Leben erfreuen,
hört der Spaß für ihre Erben schnell auf.

Lieber faulenzen, als verfaulen.

Wer zuletzt lacht,
kommt vielleicht nicht mehr dazu.

Wer schneller lebt, darf auch früher gehen.

Eines Morgens schminkst du
das fremde Gesicht im Spiegel
und von da an verlässt es dich nicht mehr.

Nach der Reife kommt gewöhnlich Fäulnis.

Die Tragik des Doppelkinns ist,
dass man es nicht teilen kann.

Ist man jung, stürmt es in Herz und Seele,
ist man alt, noch dazu in den Gelenken.

Der Tod geht nicht mit der Zeit.

Alter wird erst hart, wenn man uns mit Brei füttert.

Silberhaar ist Greisenschmuck,
der uns nichts kostet, außer unsere Eitelkeit.

Ob arm, ob reich,
unter der Erde verwest alles gleich.

Bei manchen Leuten zieht sich die Pubertät
bis ins hohe Alter hin.

Eine der lebensgefährlichsten Krankheiten
ist die falsche Arztdiagnose.

Bei Dummheit hilft auch keine Camouflage.

Das letzte Wort gehört dem Nachzügler.

Die Tragödie im Alter ist,
dass der Bauch mit der Zeit
oft runder wird als der Po.

Dein Lebenstempo macht erst halt,
wenn du auf die Bremse trittst.

Das Schönste kommt zum Schluss,
ist oft nicht mehr als Trug am Schluss.

Ein jeder Mensch, der geboren wird,
trägt seinen Leichnam gleich mit sich.

Reife macht der Gegenwart Platz.

Wo dem Wissen die Erfahrung fehlt,
befindet sich's noch in der Pubertät.

Was du nicht im Kopf hast,
solltest du wenigstens auf der Festplatte haben.

Nicht alle Neuheiten sind es wert,
dass man sie kopiert.

Was ist unterwegs plus unterwegs?
Ruhelos.

Unterwegs in Reih und Glied ist,
was ich lebenslang vermied.

Gut, dass Vögel sich nicht auf das Navi verlassen.

10
ERFAHRUNG

Mitunter
plissiert uns das Leben
Gesicht und Seele.

Güte ist eine Kraft, die verkümmert,
sobald sie nicht trainiert wird.

Wo Überheblichkeit sich zu sehr aufbläht,
erinnert uns Gott gelegentlich an unsere Winzigkeit.

Wer in unwichtigen Dingen zu schweigen weiß,
wird mit wichtigen mehr Gehör finden.

Wo sich ein Ziel findet,
findet sich auch die nötige Kraft, es zu erreichen.

Richter über Harmonie und Disharmonie
unseres Lebens sind wir allein selbst.

Leben und Geschichte wiederholen sich nur,
weil wir nichts daraus lernen wollen.

Die Seele lechzt ab und zu
nach einer Sorgenfastenkur.

Alle Sinnesfreuden beinhalten Leid;
wenn nicht gleich, dann eben später.

Verstand zweifelt, wenn Dummheit todsicher ist.

Das Leben selbst verhindert,
dass wir es durchschauen können.

Weisheit ist, zu erkennen, dass ich dort hingehöre,
wo der Schöpfer mich haben will.

Mit dem Spaziergang durch deinen Geist
holst du dir neue Kraft für deine Seele.

Dankbarkeit und Güte sind ein Liebespaar.

Wie oft entfernt sich der Mensch gerade dann
vom Ersehnten, sobald er dessen Nähe spürt.

Es strebt nur der nach Ruhm,
der ihn bitter nötig hat.

Bitte, ohne zu erwarten, du wirst staunen,
was möglich ist.

Solange man Leben
nicht umtauschen kann, bleibt es
mit unseren Fehlentscheidungen verknüpft.

Unsere Reife
lässt sich an unseren Wünschen messen.

Unsere Zweifel
warnen uns vor Fehlentscheidungen.

Unterwegs laufen sich alle Reize tot.

Wer dauernd unterwegs ist,
verzehrt, ohne zu verdauen.

Besser hoffnungsvoll unterwegs sein,
als enttäuscht am Ziel.

Oft entdeckt man erst zuhause,
was man unterwegs suchte.

Sich ausweichen kann man unterwegs am besten.

Einmal unterwegs sein ist Luxus,
ständig unterwegs sein ist Plage.

Wer ständig unterwegs ist,
verhindert sein Ankommen.

Mit Sehnsucht fortgehen und mit Freude zurück-
kommen gibt dem Unterwegssein erst seinen Sinn.

Zeit, in sich zu ruhen, hat unterwegs
schon mancher vergeblich gesucht.

Es gibt Menschen, die ständig unterwegs sind,
weil sie nicht wissen, wohin sie wollen.

Wer innen kein Zuhause hat,
muss es im Außen suchen.

Wer mit vielen Geliebten unterwegs ist,
den hält keine Liebe auf.

Nicht alle Menschen sind dorthin unterwegs,
wo sie ankommen wollen.

Ein verkorkstes Leben
wird man unterwegs auch nicht mehr los.

Wer dauernd unterwegs ist,
sollte dringend Urlaub machen.

Unterwegs lässt sich nicht finden,
was man zuhause verloren hat.

Wer nicht weiß, wohin, wird auch nicht wissen,
wann er angekommen ist.

Unterwegs kannst du dich verlieren,
noch bevor du dich gefunden hast.

Unterwegs kannst du verlieren,
was du nie besessen hast.

Weise ist unterwegs, der wählen kann.

Den fleißigsten Händen
gönnt man die Ruhe zuletzt.

Ehekrisen sind Hochmut-Bremsen.

Nichts kann uns verändern,
wofür wir uns verbiegen müssen.

Wer vom Leben
nichts geschenkt bekommt,
muss ihm wenigstens nicht danken.

Alles oder nichts verstehen zu wollen,
kommt sich gleich.

Wo Güte fehlt, braucht man nach Weisheit
erst gar nicht zu suchen.

Lebensratgeber sollte man,
schon der Fehlerquelle wegen,
nicht in jungen Jahren schreiben.

Erwiesene Dankbarkeit verleitet einen
Durchschnittsmenschen dazu, sich gegenüber
dem Dankbaren fortan überheblich zu zeigen.

Alles, was einer übersieht, ist ihm meist auch über.

Ohne Ziel gibt es auch keinen Weg dahin.

Leistung, wenn ihr keine Ruhe folgt,
verkürzt unser Leben.

Wer sich selbst erkennen will,
sollte zuerst seine Maske abnehmen.

Das Leben kann es nicht lassen,
sich in To-do-Listen einzumischen.

Wer nicht hören will, wird sehen müssen.

Das Leben legt dir so viel Gewicht auf,
wie du tragen kannst.

Je weiter das Leben voranschreitet,
desto weiter fallen wir zurück.

Bist du weich wie Brotteig,
knetet dich die Menschheit.

Das Leben ist erst mit dem Tod in Stein gemeißelt.

Schön, schöner, unverkäuflich!

Wenn eine Frau nicht loben kann,
sollte sie nicht heiraten. Wenn eine Frau gelobt
werden will, sollte sie berufstätig sein.

Wer sich im Urlaub über schlechtes Wetter
beschwert, kann ja auch arbeiten.

Der Herr gibt es den Seinen im Schlaf, doch Herr,
wann lässt du sie endlich mal schlafen?

Sexy Beine halten in der Regel länger
als gefärbte Haare.

Bescheidenheit ist eine Zier
und widerspricht direkt der Gier.

Gram und Scham macht krumm und lahm.

Wer mit seiner Arbeit eine Liebesaffäre hat,
endet meist in Überarbeitung.

Wenn man gewusst hätte,
wie anstrengend Vielfalt ist, hätte man vielleicht
doch lieber die Einfalt genommen.

Dummsprüche erfordern wenig Hirn,
aber viel Stroh im Kopf.

Wer zu lange an der Peripherie des Lebens herum-
lümmelt, verliert das Zentrum aus den Augen.

Zeitvertreib mit Dummen
kann schwere Nachwirkungen haben.

Träumer kennen keinen Dienstschluss.

Warum chillen? Reicht es nicht, wenn wir
bei Nacht schon das halbe Leben verschlafen?

Unglaublich, wie klug jemand sein muss, damit
er sich mit einem Buch nicht lächerlich macht.

Wer auf die Intelligenz der Masse zählt,
hat sich gleich massenhaft verzählt.

Es gibt Gedanken, die verweigern es, sich
mit jedem dahergelaufenen Wort zu vereinigen.

Mit Wortfäden stricke ich Gedankensocken,
die vielen zu klein sind.

In Egomanie schläft keine Empathie.

Besser kurz hitzig, als lange unterkühlt.

Geduld ist besser als abwarten.

Nichts sollte so heiß ausgespuckt werden,
wie es in dir gekocht hat.

Auf Kleingeist wächst kein großer Geist.

Ständig unterwegs sein
klingt irgendwie nach Flucht, oder?

Wer kein Ziel hat,
kann ihm unterwegs besser ausweichen.

Scharfer Blick und süße Zunge
ist die beste Mitgift für eine Braut.

Scheidung saniert den Einen
und ruiniert den Anderen.

Ehe auf Augenhöhe verlangt,
dass Frau sich bücken können muss.

Wenn eine Frau ihren Verstand bei einem Mann
verloren hat, wird sie ihn dort kaum wieder finden.

Kochschürzen können Appetit anregen
und Socken können ihn wieder verderben.

Es ist leicht, stoisch zu sein,
wenn man keine Frau ist.

Es ist einfach, geduldig zu sein,
wenn man weder Frau noch verheiratet ist.

Auf Facebook wird viel rumgequatscht
und nebenbei wirst du überwacht.

Wer nichts besitzt, kann sich viel ersparen.

Das Ende des Optimierungswahns ist,
dass du eher wahnsinnig als optimal wirst.

Der Weise wird dir entgegenkommen,
dem Dummen solltest du davonlaufen.

Kritik wird öfter verschenkt, als angenommen.

Wer spät aufsteht,
holt den Tag auch nicht mehr ein.

Wer rechtzeitig schweigt,
kann vor Schreck nicht verstummen.

Es gibt Frauen, die zaubern können;
sie wackeln nur kurz mit dem Popo
und schwupps hängt ein Mann dran.

Ein Ehemann sich schnell verwandelt,
der mit Erotik wird behandelt.

Nicht einmal der Teufel würde sich mit einer hab-
süchtigen Frau verheiraten. Männer sind mutiger.

Gottvertrauen ist, darauf zu hoffen,
dass er noch einen besseren Plan hat.

Verliebt, verwirrt, verheiratet; vertan, verbittert!

Ganz ohne Mann wär' manche Ehe besser dran.

Ein schweigender Ehemann
ist der lauteste Störfaktor in der Ehe.

Sprichst du jemand an, der unter Strom steht,
wirst du kaum mehr erreichen,
als dass dir hinterher die Haare zu Berge stehen.

Muße ist unverkäuflich und daher unbezahlbar.

Wer ständig zu viel im Kopf hat,
bekommt dort ein Platzproblem.

Das Edle hat es nicht nötig zu blenden.

Angst ist eine unserer größten Lebensgefahren.

Abschalten durch Ausschalten!

Aggression macht langweilige Menschen
auch nicht interessanter.

Begibt sich der Mensch unter die Masse,
unterscheidet er sich kaum noch vom Schaf.

Die häufigsten Stolperfallen sind hausgemacht.

Was ist ein Denkkoma?

Die einen legen sich mit ihrem Husten ins Bett,
die anderen setzen sich damit ins Konzert.

Gier schadet dir und mir.

Erwarte nichts Unmögliches von Männern,
denn nicht einmal Gott erwartete von ihnen,
dass sie Kinder gebären.

Wer seine Meinung nie korrigieren musste,
hat auch nichts dazu gelernt.

Es gibt Menschen, die schaffen es immer
zur falschen Zeit, am falschen Ort,
in falscher Kleidung aufzutauchen.

Tut ein jeder seine Pflicht,
bräucht' er sein Leben bereuen nie nicht.

Manche laufen nicht nur sich selbst davon,
sondern auch noch anderen hinterher.

Früh steht nur auf, wer dazu gezwungen wird,
durch andere oder durch sich selbst.

Prominenz ist etwas für die Eitlen,
Ruhm ereilt nur die Gescheiten.

Wissenschaft ist die Esoterik der Intellektuellen.

Eigener Stil bleibt immer Unikat.

Wo Frauen lügen, würde ihnen eh' kein Mann
die Wahrheit glauben.

Wo keine Schwätzer sind,
wird praktisch gearbeitet.

Wer beim Anblick der Natur
keine Ehrfurcht empfindet,
dem bleibt immer noch Disneyland.

Das Problem mit der Kreativität ist,
man kommt kaum dazu,
denn ständig hat man sein Chaos zu ordnen.

Es ist leicht, geduldig zu sein,
wenn man weder Frau
noch mit einem Rentner verheiratet ist.

Neid und Verbitterung
hält Freund *und* Freude fern.

Wenn ich mich dereinst entschließen sollte,
überhaupt nichts mehr zu tun,
dann tu ich das wenigstens mit Hingabe.

Nur, wenn du dich nach innen kehrst,
wagen es die tiefen Gedanken,
in dir aufzutauchen.

Unser inneres Tribunal richtet uns gnadenlos
und ganz ohne Beweise.

Alle Zeiten werden mit den Jahren
seltsamerweise zu den guten alten Zeiten.

Lästig, wenn einer mehr reden als denken kann.

Wachsendem Geldvermögen
folgen Frauenschuh-Wünsche auf dem Fuße.

Nur innerhalb deiner Grenzen darfst du dich ver-
schwenden, willst du dein Leben gesund beenden.

Schlau und dumm muss sich nicht ausschließen.

Ein mürrisches Gesicht kann
den ganzen Tag verderben. Deinen und meinen!

Unfreundliche Menschen sollte man
nicht anspucken, sondern anlieben.

Um andere Menschen zu sehen,
muss ich mich erkennen.

Leben
ist reif werden für den Tod.

Erkenne, was du Gutes hast
und tritt nicht darauf herum.

Um immer wieder lächeln zu können,
muss ich wissen, dass es mir schon einmal
besser und auch schon schlechter ging.

11
WEISHEIT

Kein Mensch
ist so klein,
dass ein anderer
auf ihn
herabsehen könnte.

Sehend ist, wer mit den Augen auch fühlen kann.

Wer zu seinem Beruf berufen ist,
muss nie lange nach Arbeit suchen.

Wer seiner Berufung folgt,
braucht keinen Tritt in den Hintern.

Wo Kreativität zuhause ist,
fühlt sich das Chaos wohl.

Es gibt berufene Ärzte *und* Ärzte.

Wer nicht Herr über seine Zunge ist,
wird es auch nicht über sein Leben sein.

Siehst du mal keinen Ausweg mehr, vertrau' darauf, Gott hat immer noch einen für dich im Ärmel.

Manche Menschen waren blind, solange sie sehen konnten, und wurden sehend, als sie blind waren.

Die beste Entscheidung ist die erste,
die uns die innere Stimme zuflüstert.

Wer alles will, entbehrt das Wichtigste.

Wo sich die Seele im Dunkeln verirrt,
schleicht meist eine helle Erkenntnis hinterher.

Unnützes ist kleine Freude für große Last.

Lernen durch Handeln
ist noch immer am nachhaltigsten.

Wer mehr erwartet, als der Eine geben kann,
nimmt dem Andern die Freiheit,
mit Freude zu geben.

Wo sich Boshaftigkeit eingenistet hat,
findet Güte keinen Platz mehr.

Gefährlich ist es,
dort vergangene Ereignisse auszugraben,
wo ihr Vergessen unser Überleben sicherte.

Lebenszeit, ein kostbarer Rohstoff,
über dessen Verwendung
wir uns täglich Rechenschaft ablegen sollten.

Viel Zeit vergeht, bis einer erkennt, dass es wichtiger ist, sich selbst kennenzulernen, als andere.

Wer seine Lebenszeit vergeudete, vergeudet sie
noch einmal, während er darüber jammert.

Zeit ist Geld, solange man nicht weiß,
dass Zeit Leben ist.

Zeit ist die Dunkelziffer des Lebens.

Dein Leben läuft weiter,
selbst wenn du dich solange auf eine Bank setzt.

Nütze deine Lebenszeit nicht nur als Werkzeug,
sondern gönn' ihr auch den Liegestuhl.

Wenn uns Begeisterung antreibt,
hauen wir Projekte durch,
als wäre eine Herde Ochsen hinter uns her.

Verwechsle deine Interessen
nicht mit deiner Berufung,
du könntest sonst kostbare Zeit verlieren.

Wonach du lebenslang in Büchern suchtest,
findet sich im Rückblick auf dein Leben.

An der Hand des Schöpfers,
von unsichtbaren Fäden geführt,
verläuft unser Leben
so lange reibungslos, bis wir die Marschrichtung
selbst bestimmen wollen.

Der Schöpfer hat uns in ein Gehfreigerät gestellt
und wir glauben, wir wären frei.

Leben ist wie das Spiel,
niemals nur Sieg,
niemals nur Niederlage.

Kaum etwas ist unnötiger,
als anderen Menschen gefallen zu wollen.

Die Intuition ist unsere Hotline zum Schöpfer.

Erhoffe wenig und danke viel,
dann kommst du schneller an dein Ziel.

Je größer die Gier nach Weisheit,
desto geringer ist die Ausbeute.

Sensible Menschen
sterben im Stimmungstief der Welt.

Wer nicht Herr über seine Zunge ist,
sollte sie nicht ohne Maulkorb spazieren führen.

Wo dir ein Dummer entgegenkommt,
solltest du ihm gezielt ausweichen.

Oft lobt man unterwegs,
was man zuhause noch verschmähte.

Leben ist der Zeitabstand
zwischen kleinen und großen Windeln.

Weisheit findet unter Botox kaum noch Platz.

Wo Zufriedenheit herrscht,
kann Weisheit gedeihen.

Göttliche Weisheit ist die Leine,
die uns durchs Leben führt.

Aus unserem Körper macht die Zeit eine Ruine,
aus unserer Seele macht die Zeit einen Menschen.

Technik, Intelligenz und Wissenschaft
können dort nichts ausrichten,
wo ihnen der Schöpfer dazwischenfunkt.

Mit Weisheit lässt sich nicht handeln.

Gleichgültigkeit
gefährdet unsere Freiheit.

Kunst öffnet das Tor zur Seele und umgekehrt.

Selbst, wenn unser Verstand in der Sackgasse
steckt, findet das Herz dort noch heraus.

Das Leben macht uns auf die Denk-Irrtümer auf-
merksam, doch nicht jeder glaubt dem Leben.

Klassische Musik
stillt unsere Sehnsucht nach dem Göttlichen.

Wer Leben mit Kunst verbindet,
hat der Lebenskunst?

Pech ist, gerade das tun zu müssen,
wozu man nicht geboren wurde.

Wo der Naive noch den Glanz bewundert,
erkennt der Weise bereits das Blech,
das sich darunter verbirgt.

Notwendigkeit = Not + Wendigkeit.

Die Essenz der Lebenserfahrung
sollte Weisheit sein.

Der Zweifler treibt den Gedanken
durch das Haarsieb der Kritik,
bevor er seine Essenz daraus abschöpft.

Wie ein Blinder muss sich der Mensch
durchs Leben tasten und dabei erfahren,
dass er an seine eigenen Ecken und Kanten stößt.

Der Künstler hat immer zu viel Fantasie
und zu wenig Zeit.

Das Moderne ist in der Mehrheit leider nicht neu,
dafür jedoch oft mangelhaft kopiert,
unausgegoren oder von minderer Qualität.

Nur, was Generationen überlebt hat, ist es wert,
dass man sich ausgiebig damit befasst.

Leben ist eine Anhäufung großer und kleiner
Tumulte; die Ruhe bringt einzig der Schlussakt.

Für unsere Tugenden existiert keine Vorrats-
kammer, sie müssen ständig frisch nachwachsen.

Die Mutter des Verstehens
ist die Konzentration beim Aufnehmen.

Ohne Ziel kein Ankommen.

Womit wir unsere Eindrücke beseelen, damit werden sie sich in unserem Gedächtnis niederlassen.

Du musst dein Denken beherrschen lernen,
willst du nicht sein Sklave werden.

Unserem Berufungsauftrag trotz unserer Trägheit
nachzukommen, ist der Kampf des Lebens.

Es zahlt sich immer aus,
seine Sache von Anfang an gut zu machen.

Das Wichtigste wirst du erledigen,
wenn du dir vorstellen kannst,
du müsstest in einem halben Jahr sterben.

Worte sind oft nur Gefühle in Tarnkleidung.

Ohne den Tod verliert das Leben seine Kostbarkeit.

Manchmal muss man sich in sein Leben zwängen,
damit man es weiter tragen kann.

Die innere Schönheit unterliegt keiner Mode.

Das Alter könnte der Hochsitz unseres Lebens sein.

In der Schwäche keimt auch Stärke.

Wer weiß, dass alles schlimmer sein könnte,
wird nicht glauben, dass es nicht gut ist, wie es ist.

Auf der Suche nach dem Guten
verliert sich oft sogar das Böse.

Wo sich unsere Augen am Schönen festhalten,
verlieren sie das Hässliche aus ihrem Blickwinkel.

Last, die auf uns lastet,
belastet auch unsere Nachfahren.

Sklave ist ein jeder,
der nicht frei über seine Zeit verfügen darf.

Ein Mensch, der eine Aufgabe zu erfüllen hat,
kann noch Jahre
über seine körperlichen Verhältnisse hinausleben.

Der Willensschwache muss sich selbst besiegen.

Das Leben ist für den Einen zu kurz,
um bedeutungsvoll zu werden, für den Anderen
zu kurz, um bedeutungslos zu sein.

Sturheit und Trotz sind Reifemängel,
die nicht nur in der Pubertät auftreten.

Den kleinen Zwischenraum zwischen Beginnen
und Vergehen nennt man Leben.

Viel Wichtiges lässt sich auf wenige Worte
reduzieren, das Wichtigste jedoch
lässt sich nur mit Schweigen ausdrücken.

Das Alter hat der Jugend gegenüber den Vorteil,
zu wissen, wie es ist, jung zu sein.

Ob du gestern Gutes getan hast oder morgen
tun willst, zählt heute jedenfalls nicht.

Wer heute noch unzufrieden ist, wünscht sich oft
schon morgen seine gute alte Zeit zurück.

In einem Tag sind leicht tausend gute Ideen
unterzubringen, solange uns keiner zwingt,
diese umzusetzen.

Für verkaufte Zeit
erhält man kein entsprechendes Wechselgeld.

Das Edle kam noch niemals aus der Mode.

Dein Leben geht weiter,
ob du es magst oder verachtest.

Ein weiser Mensch sieht mehr als er muss
und spricht weniger als er darf.

Wer Gottesglauben hat, kann geduldig darauf
warten, bis die Wissenschaftler
ihren wieder gefunden haben.

Schon mancher, der seinen Beruf partout
nicht ergreifen wollte, staunte hinterher, dass es
genau der richtige für ihn war.

So, wie ich mich heute anders sehe als gestern,
geht es mir auch mit dir.

Das Leben braucht jeden Menschen auf Erden
als Übungsbeispiel.

Weichst du der Herausforderung deines Lebens
aus, schleicht sie sich das nächste Mal
von hinten an.

Wer niemals eine gute Tat vollbracht,
hat sein Leben sinnlos verbracht.

Herzensklugheit
hatte Gott leider nicht en masse zu vergeben.

Selbstdisziplin ist eine Eigenschaft,
die gelegentlich auch anderen nutzt.

Es ist das Müssen und nicht das Wollen,
das uns im Leben lehrt.

Das Leben ist ein großes Baukunstwerk,
das meist unvollendet endet.

Der Mensch verliert sich im Alltag
und findet sich in der Muße wieder.

Gott lässt uns nie im Stich.
Sollten uns die Beine nicht mehr tragen, trägt er uns,
wenn's sein muss, auch ins Paradies.

Um die Flammen des Zorns zu ersticken,
muss man erst die Angst darin löschen.

Wenn ein Jeder sich um den Andern kümmern
würde, müsste keiner bekümmert sein.

Sich vom Bösen einschüchtern zu lassen,
heißt, dem Bösen die Macht zu geben.

Je älter ich werde, desto mehr sehne ich mich nach
großen Bäumen und großen Persönlichkeiten.

Das Gute darf immer auf Unterstützung
von ganz oben hoffen.

Besonders, was uns fehlt, bewundern wir am
Anderen. Und ihm geht es mit uns nicht anders.

Noch nie wurde mir etwas genommen, ohne dafür
etwas bekommen zu haben, und wenn es nur die
wichtige Erfahrung einer seelischen Ohrfeige war.

Erst wenn uns Bescheidenheit
kostbarer erscheint als Luxus,
sind wir im Paradies unserer Reife angekommen.

Wenn du erst stirbst, nachdem du deine Berufung
gelebt hast, kannst du leichter loslassen.

Verstehen ist wichtiger als Verzeihen,
denn es ist die Grundlage humanen Handelns.

Das Tröstende im Alter ist,
dass sich vieles wiederholt. Man braucht sich
nicht mehr davor zu fürchten,
was man bereits einmal überwunden hat.

Kunst ist für denjenigen Kunst,
in dessen Seele sie Resonanz findet.

Weisheit will
von jedem Menschen entdeckt werden.

Die Tragik der Gutmütigen ist,
dass sie keinen Ruhm ernten,
sondern die Arbeit der Anderen.

Solange du deine eigenen "Black Points"
nicht kennst, wirst du dich
an denen deiner Mitmenschen reiben.

Weisheit könnte die Mitte
zwischen Tugend und Untugend sein.

Die Wankelmütigkeit im Gemüt der Menschen
macht es überflüssig,
sich nach fremdem Urteil zu richten.

Nur dort, wo unser Verstand und das Gefühl sich
einig sind, treffen wir gute Entscheidungen.

Wo der Toleranz keine Akzeptanz folgt,
ist sie oft nur getarnte Verachtung.

Das Leben ist gut, wenn der Mensch
frei über seine Zeit verfügen darf
und diese dann auch sinnvoll auszufüllen weiß.

Scheitern am Sinn seines Lebens
verbittert.

Damit sich ein Genie entfalten kann,
muss man zuerst die Langeweile
aus seinem Leben entfernen.

Wen die Vergangenheit verfolgt,
der könnte sich so lange in der Gegenwart
verstecken, bis sie ihn überholt hat.

Den Schlaf sollte man überall und jederzeit
als einen Ehrengast willkommen heißen.

Es gibt Menschen,
die sind wie Mäuse. Sie knabbern
an deiner Lebenszeit
und hinterlassen darin nichts als Löcher.

Die Welt führt immerzu das gleiche Schauspiel auf,
nur die Akteure werden ausgetauscht.

Der Mensch sieht Hindernisse im Außen,
sobald er für sein Inneres blind geworden ist.

Eine leidende Seele
ist nicht einmal mit Geld zu bestechen.

Wissenschaft ist auch eine Müllhalde der falschen
Erkenntnisse und widerlegten Studien.

Nichts zu wissen, ist allemal klüger,
als zu glauben, man wisse alles.

Der Beweis einer wissenschaftlichen Studie
ist das Horoskop der rationalen Denker.

Die Argumentation der Pharmaindustrie
wird dort gefährlich, wo sie die intuitive Weisheit
des Menschen zu widerlegen versucht.

Das Opferlamm opfert sich dem Beleidigtsein.

Wissenschaft nennt sich auch manchmal
der Versuch, sich selbst und andere
mit gefälschten Studienergebnissen zu täuschen.

Der Kluge begreift eine Situation
mit seinem Verstand, der Weise fügt ihr noch
die Intuition und das Herz hinzu.

Wer die Pflicht der Muße vorzieht, versäumt
das Leben und hat seine Pflicht doch nicht erfüllt.

Klugheit, gepaart mit Geduld,
erreicht weit mehr als ungezügelte Klugheit.

Sind die Illusionen erst gestorben,
wird ihnen der Mut bald nachfolgen.

Wenn alle etwas auf die gleiche Art machen,
wird es höchste Zeit, etwas anders zu machen.

Die Weisheit wird durch das Alter weder gefördert,
noch verhindert.

Manch einer stülpt sich die Weisheit
eines anderen über und wird dafür geehrt.

Zorn, der explodiert,
verteilt sich auf die gesamte Umgebung.

Verschenkst du bereits deine Zeit,
Arbeit und dein Wissen, verachtet man dich
am Ende womöglich noch dafür, dass du
dein Leben nicht auch noch dazu schenkst.

Willst du dich auf den Tod vorbereiten, versuche,
die schwierigsten Dinge allein zu bewältigen.

Wer nicht weiß, wie viel Zeit sein Leben umfasst,
sollte sie nicht billig verschleudern.

Im Leben sollen wir mitwirken,
ruhen können wir auf dem Friedhof.

Ordnung verbraucht ganz sicher mehr,
als unser halbes Leben!

Zeit ist der kostbarste Vermögenswert,
welcher massenhaft verramscht wird.

12
GESELLSCHAFT

Was du
ins Netz setzt,
bleibt dort sitzen.

Mehr Angst als das Alter
macht mir eine altersfeindliche Gesellschaft.

Die moderne Gesellschaft
hat zu wenig Speicherkapazität für Schwache.

Wer seine Würde in dieser Welt
nicht ganz verlieren will,
sollte wehrhaft bleiben bis in den Tod hinein.

Google und Navi
sind die modernen Dienstboten unseres Geistes.

Wer eigenen Verstand hat,
wird sich kaum auf den von anderen verlassen.

Es wird täglich riskanter, noch selbst zu denken.

Google schlachtet die Dummheit der Menschheit
aus und diese liefert beständig nach.

In welchem Bildungsplan finden wir
Beziehungslehre und das ABC der Gefühle?

Wer sich mit Medienschrott zumüllt,
darf sich nicht wundern,
wenn sein Gehirn darin verfault.

Wie schafft es die Wissenschaft
mit ihren nachgewiesenen, ständigen Irrtümern,
immer wieder glaubhaft zu erscheinen?

Wer keine eigene Meinung hat,
ist Meinungsspendern dankbar.

Google unterstützt die Denkfaulheit der Gesell-
schaft, und die Gesellschaft bezahlt sogar dafür.

Treue tut sich schwer
im Nimm-und-Weg-Zeitalter.

Selfie – Dauertropf für Narzissten?

Scheinbar ist Gier neuerdings schon Zier!

Dass Rentner nach lebenslanger Arbeit
nicht ohne Nebenjob von ihrer Rente leben können,
sollte nicht nur die Jugend beschämen.

In einer Gesellschaft, wo alles schön und jung
sein muss, passt Alter nicht zum Design.

Mit den Alten ist es wie mit den Aktien,
selten kennt man ihren Wert.

Sponsorensuche nannte man früher Betteln,
und das war per Gesetz verboten.

Zweifel an eigener Kompetenz
stellen sich oft zuletzt ein.

Wann gibt es für selbständiges Denken Punkte
im Führungszeugnis?

Wer zukünftig noch selbst denken will,
bekommt dafür vielleicht bald einen Denkzettel
von der digitalen Regierung.

Was der Mensch verspeist,
kann der Staat ihm nicht mehr nehmen.

Um eine fremde Kultur zu verachten,
braucht es weit mehr als Einfältigkeit.

Man hieß Mensch,
bevor man Flüchtling getauft wurde.

Wer will heute noch anständig sein,
wo uns die Waffen doch den Wohlstand sichern?

Wo Lobbyismus den Staat beherrscht, hat der Poli-
tiker seine Moral und sein Volk längst verkauft.

Waffenhändler verkaufen Menschenleben en gros.

Krieg entehrt Mensch und Natur.

Not weckt uns auf, Luxus schläfert ein.

Die Politiker scheinen
die Welt dem sozialen Zerfall zu überlassen.

Alles, besonders das Alter,
das nicht mehr zum Zeitgeist passt,
sollte sich vor Ausmusterung in Acht nehmen.

Wochenendehe
ist Teilzeitfamilie für Vollzeitkarriere.

Alter, auf jung gestylt, wird zur Mogelpackung.

Der Werbesprache
vertraut der Mensch oft mehr als seiner Erfahrung.

Junge Menschen sind für das Alter
die Stromkabel zum pulsierenden Leben.

Ausgemustert wird heute schnell, was nicht zum
Design des Zeitgeists passt, egal ob Kleid, ob Greis.

Die Vielfalt der Kulturen ist Manchen
unerträglicher als die Einfalt ihres Geistes.

Wer immer nur das tut, was er kann,
wird sich bald selbst mit sich langweilen.

In der Diktatur der Schönheit kommt es zur
Manipulation der Natur auf Kosten des Intellekts.

Ist Selbstoptimierungswahn die Ursache
des kollektiven Narzissmus oder erzeugt er ihn?

In einer Leistungsgesellschaft
wird Kindheit selbstverständlich übersprungen.

Braune Parolen laufen deshalb so gut,
weil selbst denken zu anstrengend ist.

Wo Jugend zur gesellschaftlichen Auflage wird,
kann sich Alter nicht mehr sehen lassen.

Wo Jugend die Vorgabe ist,
sollte Alter nicht mitmischen wollen.

Nicht alle Neuheiten sind es wert,
dass man sie versteht.

Sich alle Türen offen zu halten ist moderner,
als hindurchzugehen.

Manche Leute
sind braun bis auf die Knochen.

Empathie passt nicht zu Egomanie.

Braune Gesinnung versteckt sich gerne
unter einem Hut.

Zeitgeist reizt mitunter bis zum Brechreiz.

Fake täuscht oft nur den, der ihn verbergen will.

Die Gier nach Zukunft
raubt der Gegenwart die Zeit.

Wo der Mensch nicht der Hektik des Zeitgeists
anhängen will, hängt ihn die Zeit ganz schnell ab.

Ein steiler Aufstieg braucht viele Steigbügelhalter.

Für verlorene Lebenszeit
gibt's keine Sicherheitskopie.

Die Menschen unseres Zeitalters sind die ersten,
deren geschriebenes Wissen
durch Stromausfall hopsgehen könnte.

Was heute Facebook heißt,
nannte man früher Klatsch.

Jedes Zeitalter bietet Boden
für aufgeblasene Moden und unerträgliche Idioten.

Ach was,
Mainstream ist kein Schimpfwort mehr?

Das Schweigen zwischen den Generationen
entwickelt sich irgendwann zu Höllenlärm.

Wo Jugend noch fordert,
hat Alter schon gegeben.

Casting- und Reality Shows – eine Chance,
tief zu fallen.

Wer braun nur für eine Farbe hält,
hat leider nichts dazugelernt.

Aktuelles Kulturwissen zeigt sich da,
wo die Jugend Ann-Sophie Mutter
heute schon für eine Heilige hält.

Ein alter Mann, der seine Glatze mit einem Toupet
bedeckt, glaubt, auch Viagra mache ihn wieder jung.

Wer zuerst einen Sponsor suchen muss,
hat auch später keine Zeit für Arbeit.

Egomanie verschlingt Empathie,
ohne zu wissen, was das ist.

Einer Gesellschaft, die Comedy-süchtig ist,
ist das Lachen schon längst vergangen.

Ein Übermaß an Güte für die Ärmsten dieser Welt
wäre ein Novum in unserer Geschichte.

Der Luxuspreis manches Designerprodukts ist
geschickt verkaufte Geschmacksverirrung.

Eine Menschheit, die ihr Mitgefühl verloren hat,
hat nichts mehr zu verlieren.

Wohlstand hat immer und überall Vorsprung.

Liebet eure Alten, erst recht, wenn sie verkalken.

Wo Körperkult unsere Kultur ersetzt,
endet die Gesellschaft im Fitnessstudio.

Ob gebildet oder ungebildet, irgendwann sind wir
alle Untertanen einer digitalen Übermacht, die uns
ohne Moral und ethische Werte regieren könnte.

Wo Karriere vorgeht, tritt Ehe meist zurück.

Digital klug ist der, der auswählen kann.

Während du mit deinem Therapeuten
in der Vergangenheit gräbst, läuft dir die Gegenwart
klammheimlich davon.

Wenn wir das Beste aus uns herausholen,
was bleibt dann noch von uns übrig?

Google ersetzt eigenes Wissen;
solange der Strom nicht ausfällt!

Weisheit entschleunigt, Dummheit beschleunigt.

Man macht es uns täglich einfacher,
nicht mehr selbst denken zu müssen.

Wo du am richtigen Platz bist,
wirst du sogar mit leiser Stimme gehört.

Unsere Gesellschaft
feiert bald den Sieg des Körpers über den Geist.

Wiederholung ist die Wiege
der Langeweile und der Lüge.

In der Welt, wie im Menschen, sind Himmel und
Hölle vereint und der Zeitgeist einer Epoche
bringt das Ihre jeweils deutlicher zum Vorschein.

Der kollektive Narzissmus
erzeugt täglich neue Konkurrenz.

Heutzutage
wird mehr abgeschaut als hingeschaut.

Der Erfahrene weiß, am Schwanz des Unglücks
hing oft mehr Glück, als man erwarten durfte.

Demokratie scheitert dort, wo die Mehrheit
aus einer nicht reflektierenden, Kosum-gelenkten
Gesellschaft besteht, die dazu noch
völlig willkürlich und naiv handelt.

„Pflegefall" ist dein künftiger Vor- und Zuname,
sobald du pflegebedürftig wirst.

Feigheit lässt sich in und von der Masse verbergen.

Erst geht das Individuum in der Masse unter,
dann geht die Masse ohne ihre Individuen unter.

Heutzutage verschickt man seine
persönlichen Daten und intimen Gedanken
über die scheinsozialen Medien beinahe so sorglos,
als wären es Ansichtskarten vom Bodensee.

Sobald der Mensch die Technik nicht mehr
beherrscht, wird sie den Menschen beherrschen.

Scheidung kann Reichtum und Armut bringen.

Dem ICH sollte das DU
ein hilfreicher Wegweiser sein.
Was aber, wenn es bald nur noch ICHs gibt?

Würden sich unter den Wissenschaftlern mehr
Menschen ohne Geldgier tummeln, könnte man
ihnen auch mehr Humanität unterstellen.

Selbst in der Wissenschaft siegt die Bequemlichkeit;
diesem Umstand verdanken
viele unhaltbare Thesen ihre Beständigkeit.

Die Natur beherrscht den klugen Umgang
der Umwandlung von Materie;
sie braucht keine Müllhalde.

Eine Generation, die Wissen mit Erfahrung
verwechselt, gleicht einem Unternehmen,
das Umsatz für Gewinn hält.

Persönlichkeit bleibt kostbar über die Mode hinaus.

Nimm dich vor all jenen in Acht, die mit Gewalt
liebäugeln, sei es auch nur zu ihrer Verteidigung.

In unserer Zeit hetzen die Leute durchs Internet,
als könnten sie damit ein Leben gewinnen.

Die latente Angst der Deutschen
ergibt sich aus der Antwort auf die Frage
nach dem Zustand unserer Gesellschaft.

Ob ein Mensch das digitale Zeitalter psychisch
gesund überlebt, hängt entscheidend davon ab,
ob er die Kunst des Auswählens beherrscht.

Wer sich dem Luxus verschrieben hat,
ist für Nützliches nicht mehr zu gebrauchen.

Verbinde das Wort Konsum und Kultur –
sofort hast du genug Leute zusammen, die glauben,
das eine hätte etwas mit dem anderen zu tun.

Dem „Zuviel" folgt immer der Wunsch
nach dem „Weniger ist mehr".

Wer im Mainstream nicht mitschwimmt,
gerät in Gefahr, als Treibholz entsorgt zu werden.

Mainstream und Weisheit
lebten schon immer getrennt.

Unser Ego erschöpft uns selten,
dafür andere umso mehr.

Wünsche und Unzufriedenheit sind Geschwister.

Google-Wissen ohne eigene Gehirnleistung
zu adaptieren, könnte nicht nur für die Dummen
gefährlich werden.

Vom Informationszeitalter
ins seelische Isolationszeitalter?

Ingrid M. Ziegler gründete und führte im Laufe ihres Lebens zwei erfolgreiche Unternehmen und lebt mit ihrer Familie am Bodensee. Seit einigen Jahren ist sie ehrenamtlich als Ehementorin tätig und arbeitet momentan an einem Sachbuch zum Thema Stressfaktoren in Liebesbeziehungen. Sie schrieb als freie Mitarbeiterin für den Kulturbereich einer Tageszeitung und verfasste parallel die Biografie einer Zeitzeugin des Hamburger Feuersturms. Schreiblust mit Beruf und Familie zu vereinen war zeitlich ein Hochseilakt, weshalb sich die Gedankendesignerin zunächst nur der Kurzprosa widmen wollte. Gerade hierbei jedoch entdeckte sie ihre ausgeprägte Leidenschaft für Aphorismen. Aus ihren knapp viertausend handgeschriebenen Aphorismen und Wortpralinen entstand eine ungewöhnliche Zettelbibliothek, die sie über vier Jahrzehnte in roten Gebäckdosen verwahrte. Aber die Autorin offenbarte ihren geheimen Wortschatz dem engsten Familienkreis. – Womit die Idee zur Edition Wortkonfekt geboren war.